경매천재가 된 홍대리

경매천재가 된 홍대리

배중렬 지음

□ 저자 서문

어려운 사람들에게 희망을 전하는 진정한 멘토가 되고 싶습니다

멘토가 누군가의 부족한 부분을 채워줄 수 있는 사람이라면, 명지경매의 이학범 사장님은 제 진정한 멘토이십니다.

17년 전, 저는 세들어 살던 보금자리를 경매로 날렸으나 이학범 사장님의 배려로 곰팡이 냄새에 절어 살던 지하 전세방을 탈출할 수 있었습니다. 그렇게 도움을 받고나니, 저도 사장님처럼 누군가를 도와줄 수 있는 멘토가 되고 싶었습니다. 자신의 처지를 비관하는 분들에게 작은 희망을 심어주고 싶었고, 그 희망이 이루어지도록 도와주고 싶었습니다.

그래서 부동산경매를 열심히 배웠고 어느 정도 실력을 쌓은 뒤에는, 제가 갖고 있는 지식을 나누려고 강의도 시작했습니다. 10여 년 동안 수많은 사람이 제 강의를 들었고, 저는 그렇게 인연을 맺은 분들에게 지금까지도 입찰지원이나 명도(집을 넘겨 받는 것) 부분에 도움을 드리면서 훈훈한 정을 나누고 있습니다.

『경매천재가 된 홍 대리』는 저와 인연을 맺은 분들이 부동산경매를 통해 자신의 소중한 꿈을 이뤄가는 과정을 소설 형식으로 쓴 책입니다. 주인공인 홍 대리뿐만 아니라 서준태, 조인구, 차승미, 이정도, 윤경선 등 이 책에 나오는 사람들은 이름은 다르지만 실존하는 '야생화의 실전경매' 카페 회원들이며, 제가 이 책을 집필하는 데 많은 도움을 주었습니다.

이 책의 주인공 홍 대리는 우리 주변에서 흔히 볼 수 있는 평범한 직장인입니다. 대부분의 사람들은 대학을 졸업하고 어렵게 취업에 성공합니다. 그리고 몇 년 동안 힘들게 돈을 모아 작은 전셋집 하나를 얻어 결혼을 하죠. 또한 결혼 후에는 부부가 합심해서 허리띠를 졸라매고 열심히 살아보려 하지만, 여전히 부족한 생활비와 오르는 전세금에 허덕입니다. 이 책의 홍 대리도 그런 평범한 사람이었습니다. 부모를 잘 만난 사람에게는 이것이 틀린 공식일 수도 있지만, 대부분의 사람들은 이 공식에서 벗어나지 못합니다.

평범한 사람이라도 이 공식에서 벗어날 아주 좋은 방법이 있는데, 그것은 바로 부동산경매라는 것입니다. 적은 전세금을 가지고도 내 집을 마련할 수 있으며, 매매 차익으로 수익도 얻을 수 있습니다.

그러나 부동산경매에서 성공한다는 것이 그리 쉬운 일은 아닙니다. 쉽게 보고 덤벼들었다가는 패가망신하기 십상인데, 부동산경매에 성공하려면 남들보다 더 많은 지식을 쌓아야 합니다. 또한 끊임없이 땀을 흘리며 발품을 팔아야 합니다.

부동산경매의 성공 확률과 수익은 자신이 투자한 시간과 비용에 비례하기 마련인데, 이는 어느 분야나 마찬가지일 것입니다. 하지만 부동산경매에 도전하는 많은 사람들이 이 과정을 견디지 못하고 포기합니다. 그래서 부동산경매에 성공하는 사람이 적은 것입니다.

하지만 이 책을 읽는 독자들은 자신감을 가졌으면 좋겠습니다. 이 책의 주인공 홍 대리가 여러 가지 어려움을 극복하지 못하고 중도에 포기했다면 어떻게 되었을까요? 저는 여러분도 홍 대리처럼 부동산경매의 기초를 배우고, 이를 바탕으로 꾸준히 공부해서 성공하기를 바랍니다.

이 책은 제가 10여 년 동안 가르쳐온 강의 내용 중 핵심만을 골라 서술한 것입니다. 임장(현장 답사)을 할 때 꼭 알아둬야 하는 내용들을 꼼꼼하게 다뤘으며, 낙찰받은 후 실전에서는 어떤 일들이 일어나는지 자세하게 묘사했습니다. 또한 부동산경매는 사람과 사람 사이에서 일어나는 일이기 때문에, 배려와 섬김의 자세로 명도를 한다면 어렵게 느껴졌던 명도도 쉽게 해결될 수 있음을 수많은 경험을 토대로 알려드리고자 노력하였습니다. 개정판에는 2010년 이후 새롭게 바뀐 최우선변제금액과 개정법령을 추가

했고, 부동산 침체기의 여파로 바뀐 경쟁률과 낙찰률을 현재 시점에 맞춰 수정했습니다.

모쪼록 이 책을 읽는 독자분들이 부동산경매로 내 집도 마련하고 부동산 재태크에서도 성공하길 바라는 간절한 저의 마음이 전해지길 바랍니다.

- 2014년 가을에
부족한 사람 배중렬 올림

차례

저자 서문
어려운 사람들에게 희망을 전하는 멘토가 되고 싶습니다 4

1장

월급쟁이 홍 대리, 부동산경매에 도전하다

뭐? 경매로 돈을 벌었다고? 16
월급쟁이가 집을 마련하려면 21
부동산경매는 100퍼센트 이기는 싸움이다 29
부동산경매, 강제집행만이 능사가 아니다 36
꿈을 이루고 싶은 사람들 44
돈보다 소중한 인연을 만나다 52
경매가 야비하다고? 59
홍 대리의 경매 노하우1 69

2장

부동산경매 성공의 99퍼센트는 임장에 달려 있다

안 가도 되는 98번의 임장을 통해 고수가 된다 76

투자가치를 알려면 노후도와 접도율을 보라 83

등기부등본과 현황은 다르다 93

낙찰가 2000만 원의 차이 104

유치권과 선순위 임차인 물건 다루는 법 117

부동산에서 알짜 정보 얻는 법 128

결혼, 위기에 봉착하다 136

조인구에게 찾아온 행운 147

또 다른 경매 고수를 만나다 153

아직은 2퍼센트 부족할 때 161

홍 대리의 경매 노하우2 167

3장

부동산경매에 지름길은 없다

고수익의 유혹 172

서준태, 대박을 터뜨리다 180

자기가 사는 동네부터 둘러보자 190

때늦은 후회 199

소개해준 것도 죕니까? 205

수연의 선물 214

홍 대리의 경매 노하우3 220

4장

명도, 배려와 섬김이 열쇠다

낙찰자가 보증금을 포기한 이유가 뭘까? 224
야생화님, 도와주세요! 232
드디어 경매에 성공하다 242
잔금을 대출받는 요령 252
이사비가 500만 원이라니요! 257
강제집행의 유혹 268
막무가내 임차인과의 마지막 담판 274
드디어 보금자리가 생겼어요! 284
홍 대리의 경매 노하우4 288

뒷이야기
열정이 있다면 길은 저절로 열린다 292

등장인물

홍경택 (32세 남)

평범한 회사의 대리로, 오랜 연인인 수연과 빨리 결혼하고 싶지만 집안 형편이 좋지 않아 괴로워한다. 그러던 중 자신이 가진 적은 돈으로 신혼집을 마련하는 방법으로 부동산경매가 효과적임을 깨닫고, 부동산경매에 도전한다.

이수연 (28세 여)

어린이집 교사로, 홍경택과는 대학교 4학년 때부터 사귀어온 연인 사이이다. 어린 시절 강제집행으로 살던 집에서 쫓겨난 아픈 경험 때문에 홍 대리의 부동산경매를 반대한다.

야생화 (48세 남)

명지투자정보연구소의 대표이자 '야생화의 실전경매' 카페 운영자. 경제적인 어려움에 처한 사람들에게 부동산경매로 희망을 심어주는 일을 평생의 업으로 삼고 있다.

공회전 (32세 남)

무직. 홍 대리의 부동산경매 스터디 모임 동기. 일 벌리기는 좋아하는데 끈기가 없어 성과를 못 거두는 타입. 귀가 얇아 야생화를 끝까지 따르지 못하고 또 다른 경매전문가 손재물에게 의지한다.

손재물 (42세 남)
부동산경매 컨설턴트. 한때 야생화 밑에서 경매를 공부했지만 그의 경매 철학이 마음에 들지 않아 도중에 그만두고 나온다. 야생화와는 달리 공격적으로 투자하고 강제집행을 하는 데도 거리낌이 없다.

서준태 (34세 남)
건설회사 근무. 부동산경매를 일찍 시작해서 스터디 모임 동기들보다 실력이 좋다. 하지만 마음을 표현하는 방식이 직설적이어서 스터디 동기들에게 거만한 사람으로 오해를 받는다.

조인구 (25세 남)
군 제대 후 복학을 기다리는 동안 부동산경매에 도전한 명지대학 3학년 학생. 스터디 모임에서는 가장 어리지만 모임의 반장이자 분위기 메이커 역할을 맡고 있다.

차승미 (30세 여)
강남에서 소문난 영어 과외 선생님. 성격이 화통하고 시원해 누구와도 잘 어울린다. 스터디 모임 사람들에게 소소한 도움을 주는 것을 좋아하며, 그들의 이야기를 진심으로 들어주는 매력적인 여성이다.

1장
월급쟁이 홍 대리, 부동산경매에 도전하다

뭐? 경매로 돈을 벌었다고?

"아저씨! 잠시만요!"

홍경택 대리가 막 출발하려는 버스를 향해 소리쳤다.

이 버스마저 놓치면 동창회에 늦을 것이 분명했다. 홍 대리는 투덜거리는 기사 아저씨와 승객들의 차가운 시선에 멋쩍은 웃음을 지어 보이며 황급히 버스에 올라탔다. 빈자리를 찾아 앉은 그는 뛰는 가슴을 가라앉히느라 숨을 몰아쉬었다.

'아, 이게 얼마 만이지? 진짜 기대된다.'

홍 대리는 잔뜩 상기된 표정으로 창밖을 바라보았다. 솔직히, 처음 연락을 받았을 때부터 동창회에 기대를 갖게 된 건 아니었다. 오히려 귀찮다는 생각이 앞섰다. 딱히 보고 싶은 친구가 있는 것도 아닌데다, 내세울 것 없는 자신의 모습을 보여주고 싶지 않아서였다.

그런 그의 마음을 되돌린 것은 대학 시절 첫사랑이었던 은혜에 관한 이야기였다. 졸업하자마자 유학을 가버려 소식조차 들을 수 없었던 그녀가 얼마 전 귀국을 했고, 이번 동창회에 나온다는 것이다. 일상에 지쳐 있던 홍 대리는 그녀를 보면 왠지 예전 그 시절의 자신만만하던 자기 모습으로 돌아갈 수 있을 것만 같았다. 그래서 동창회 날을 손꼽아 기다려온 것이다.

경택은 벅찬 기대감을 안고 동창회가 열리는 장소로 들어섰다. 조금 늦은 탓인지 안은 이미 사람들로 가득했다. 동창회 연락을 맡은 친구 변진호가 그를 알아보고는 큰 소리로 인사했다. 홍 대리는 마지못해 반가운 척 인사하면서 곁눈질로 동창들을 살펴봤다. 은혜는 보이지 않았다. 결국 홍 대리는 변진호의 손에 이끌려 구석자리에 앉게 되었다.

"경택아, 너 진짜 오랜만이다. 그동안 어떻게 지냈어?"

"그냥 뭐, 그럭저럭 지냈지."

"왜, 누구 찾는 사람 있어?"

계속 두리번거리는 그에게 변진호가 물었다.

"아니. 그냥 누구누구 왔나 둘러본 거야. 오늘 은혜 온다고 했던 거 같은데……."

"누구? 은혜? 아, 은혜! 아니 글쎄, 상견례 날짜가 오늘로 잡혔다잖아. 그래서 못 나온다고 그러더라."

"상견례라니?"

홍 대리는 깜짝 놀라 변진호에게 되물었다.

"몰랐어? 은혜, 결혼 때문에 귀국했던 건데……. 여기서 얼른 결혼하고 신랑이랑 같이 다시 외국으로 간다더라고."

"결혼하는구나……. 몰랐지 나는……."

"근데, 너 은혜한테 무슨 볼일이라도 있었어?"

"어? 아니. 그런 건 아닌데……."

뭐라고 둘러대야 할지 몰라 난감해하고 있는 사이, 다른 친구가 끼어들었다.

"어, 태섭아!"

'태섭?'

홍 대리는 천천히 기억을 더듬어보았다. 소태섭! 그에 대한 기억이 떠오르자 홍 대리는 절로 표정이 구겨졌다. 그는 입만 열면 은근히 자기자랑 늘어놓기를 즐기던 친구였다.

"반갑다, 얘들아. 너도 왔구나, 경택아! 진짜 오랜만이다. 그새 진급은 했고?"

홍 대리가 대답을 하기도 전에 그는 고개를 돌려 변진호에게 다시 말을 걸었다. 경택은 밀려오는 짜증에 자리를 옮길까 하는 생각이 들었다. 빈자리를 찾아 다시 두리번거리고 있는데 변진호가 갑자기 소리를 질렀다.

"부동산경매? 진짜? 그래서 얼마나 벌었는데? 경매로 돈 벌었다는 사람이 있다는 이야기만 들었지, 실제로 만난 건 네가 처음이야. 완전 신기하다. 그동안 얼마나 벌었는데, 응?"

"그렇게 큰돈은 아니고, 강북에 있는 아파트 한 채 정도지 뭐. 별 거 있나."

어느새 소태섭과 변진호 주위로 친구들이 모여들었다. 소태섭과 변진호 옆에 어중간하게 앉아 있던 홍 대리는 옆으로 친구들이 끼어드는 바람에 자리에서 밀려났다. 소태섭의 이야기가 끝나기가 무섭게 여기저기서 질문들이 날아들었다.

"근데 태섭아, 경매는 어떻게 하는 거야?"

"가격만 잘 써서 내면 되는 거지. 그렇게 특별할 건 없어."

"한 번 할 때마다 몇천씩 벌고 그러겠다?"

"뭐, 그 정도는 아니고. 그래도 월급쟁이들보단 벌이가 좋다고 할 수 있지."

"근데, 그건 돈 있는 사람이나 하는 거 아냐? 어디서 봤는데 최소한 어느 정도의 종잣돈은 필요하다면서."

"그렇기야 하지. 무슨 일인들 종잣돈이 안 필요하겠냐. 그래도 경매는 80퍼센트까지 대출이 되거든. 그걸 이용해서 하는 거지. 일단 좋은 물건을 잡기만 하면 수천 버는 건 시간문제라니까."

"요새 경매 책도 많은 것 같던데, 그렇게 쉬운 거면 나도 한번 도전해볼까?"

"특별할 건 없지만 경매라는 게 노하우가 필요한 거거든. 나처럼 성공하는 사람은 의외로 드물어. 고전하는 사람들이 얼마나 많은데. 너도나도 할 수 있는 그런 건 아니야."

"야, 나도 이번에 빌라에 투자해보고 싶은데, 어느 지역이 많이 오를 것 같니?"

"흠……. 여기서 가르쳐줘봐야 잘 모를 거고, 정 궁금하면 나처럼 공부 좀 해야지."

경택은 자리를 뜨지 못하고 기웃기웃 태섭의 말에 귀를 기울였다. 솔깃한 이야기들이다. 강북에 있는 아파트 한 채를 그렇게 쉽게 얻다니! 강북에 아파트 한 채라면 3, 4억은 벌었다는 이야기인데…….

순간 홍 대리는 자신의 처지를 실감할 수밖에 없었다. 대학을 졸업하고 바로 입사해서 5년째 일을 해왔지만, 서울에 있는 빌라 한 채는커녕 전세방 얻기도 쉽지 않았다. 요즘 들어선 여자친구가 결혼 이야기까지 꺼내 마음이 복잡해질 대로 복잡해진 터였다. 그는 여자친구의 결혼 이야기를 웃음으로 얼버무렸지만 자신도 이젠 결혼을 해야 할 때라는 생각이 들었다. 씁쓸한 마음에 홍 대리는 조용히 자리에서 일어나 술집을 나왔다. 의기양양 떠들어대는 소태섭의 목소리가 문밖까지 들려왔다.

월급쟁이가 집을 마련하려면

"홍 서방, 어서 들게."

"경택 씨, 갈비 좋아하죠?"

수연의 어머니와 언니 수진은 모처럼 찾아온 홍 대리를 위해 맛있는 저녁 식사를 준비해놓았다. 몇 달 전부터 조심스럽게 결혼 이야기가 오고가면서 홍 대리를 집으로 초대한 것이다.

"잘 먹었습니다."

경택은 식사를 마치고 잠시 바람을 쐬러 베란다로 나갔다. 3월의 밤바람이 아직 차갑게 느껴졌지만, 6년 동안의 연애가 드디어 결실을 맺는다고 생각하니 기분이 상쾌했다.

'으, 추워.'

한기를 느낀 홍 대리는 베란다 문을 열고 거실로 들어가려

했다.

"경택 씨는 신혼집을 어떻게 할 거래?"

거실로 들어가려는 홍 대리 귀에 언니 수진의 목소리가 들렸다.

"대출받아서 전셋집을 마련할 생각 같던데."

홍 대리가 베란다로 바람을 쐬러 나간 사이, 수연의 가족들은 결혼 문제에 대해 의논을 하고 있었다.

"대출받아서 전셋집을 구한다고?"

"응."

"엄마, 수연이 말 들었지. 신혼생활을 전셋집에서 시작한대."

"언니, 갑자기 왜 그래? 형부도 전셋집으로 시작했잖아."

"이 바보야, 그러니까 내가 이러지. 전셋집은 우리 집이 아니야. 그래서 2년마다 전세금을 올려주거나 이사해야 하고……. 그게 얼마나 피곤한 줄 알아? 그러니까 사람들이 무리해서라도 자기 집을 가지려는 거잖아."

"홍 서방 듣겠다. 쯧."

수연의 어머니는 근심 어린 표정으로 두 딸의 말을 막았다.

아무 말 없이 베란다에서 듣고 있던 경택은 수진의 말에 눈앞이 캄캄해지는 느낌이었다. 5년 동안 일해 모아 놓은 돈이 너무 적었기 때문이다. 게다가 시골에 계신 어머니가 아프셔서 2년 전부터는 병원비까지 보내야 했다. 통장에 있는 돈은 고작 5000만 원이 전부였다.

'전세 대출을 받아서 아담한 신혼집을 구하려고 했는데……. 대

출을 더 받아서 집을 사야 되는 건가?'

수연의 집에서 나온 경택은 마음이 무거웠다. 전셋집도 구하기 빠듯한 돈으로 어떻게 신혼집을 마련한단 말인가. 그러던 중 소태섭의 부동산경매 이야기가 떠올랐다.

'그래, 적은 돈으로 신혼집을 마련할 방법은 경매뿐이야.'

부동산경매, 그게 답이라면 지금부터라도 당장 시작하면 될 일이다.

'경매에 도전해보자. 경매로 멋진 신혼집을 보란 듯이 구해보는 거야!'

이렇게 생각하자 처졌던 어깨에 힘이 들어가면서, 가슴속 깊은 곳에서부터 할 수 있다는 자신감이 차오르는 것을 느꼈다.

다음날, 경택은 아침 일찍 눈을 떴다. 토요일이기 때문에 마음 편하게 부동산경매에 대해 알아볼 생각이었다. 아침밥을 먹은 경택은 인터넷에서 부동산경매에 대한 자료들을 모으기 시작했다. '부동산경매'라는 단어로 검색하니 관련 책들은 물론, 뉴스 기사들도 많이 나왔다. 대부분 몇십억씩 벌어들인 이야기였다. 홍 대리는 본문에 달린 댓글까지 꼼꼼하게 읽어나갔다. 하나둘 읽어갈수록 그의 머릿속에는 부동산경매로 성공한 자신의 모습이 그려졌다. 여러 채의 집들과 고급 승용차, 떵떵거리며 살아가는 자신의 모습. 그리고 그 옆에서 굽실거리는 소태섭의 모습도……. 홍 대리의 입가엔 저절로 미소가 번졌다.

때마침 수연에게서 전화가 왔다. 그는 한껏 들뜬 목소리로 전화를 받았다.

"응, 수연아!"

"어, 오빠. 뭐해?"

"그냥 쉬고 있어. 왜?"

"오늘 뭐할까 싶어서. 근데 무슨 좋은 일 있어? 목소리가 밝네."

"내가 방금 신혼집을 구할 방법을 생각해냈거든."

홍 대리는 마치 신세계를 발견한 사람처럼 들뜬 목소리로 말했다.

"정말?"

"그래!"

"혹시, 무리하게 대출받을 생각이야? 그런 거면 싫어. 난 우리 형편에 맞는 결혼생활을 하고 싶단 말이야."

홍 대리는 수연이 처음부터 쉽게 동의할 것이라고는 생각하지 않았다. 그녀에게 재테크는 무조건 저축이었다. 몇 년 전 온 나라에 펀드 열풍이 휘몰아칠 때, 주변의 온갖 권유에도 불구하고 꿋꿋이 저축만 했던 사람이 바로 그녀였다.

"그런 거 아니야. 정말 우리가 가진 돈으로도 집을 마련할 수 있는 방법이 있단 말이야."

"그런 방법이 세상에 어디 있어?"

"경매야! 부동산경매."

"겨, 경매?"

수연은 놀랐는지 말을 더듬었다. 홍 대리는 어느 정도의 반대는 예상했기 때문에 차분한 목소리로 그녀를 달랬다.

"흥분하지 말고 일단 내 말을 끝까지 들어봐, 그게……."

"지금 경매로 집을 사겠다고 한 거야?"

경택이 다음 말을 꺼내기도 전에 수연이 목소리를 높였다. 그녀의 강한 반응에 홍 대리는 당황했다. 경매가 도둑질 같은 범죄도 아니고, 전셋집 얻을 돈으로 경매를 하면 신혼집을 싸게 마련할 수 있는데 이렇게까지 화를 낼 필요가 있나 싶었다.

"경매는 절대 안 돼."

"왜 경매가 안 된다는 거야?"

"안 되면 안 되는 줄 알아!"

수연은 이 말만 남기고 일방적으로 전화를 끊어버렸다. 홍 대리는 멍한 표정으로 한동안 전화기만 봐라봤다. 수연의 태도에 기분이 상한 홍 대리는 다시 전화를 걸었다. 그러나 그녀의 휴대전화는 아예 꺼져 있었다.

'뭐야?'

홍 대리는 난감했다. 최근에 결혼 이야기가 오가면서 수연이 무척 예민해져 있다지만 이건 아니었다. 어떻게든 신혼집을 마련하려 애쓰는 자신을 몰라주는 그녀가 살짝 미워지기까지 했다.

'경매가 그렇게 싫은가?'

저축만이 최고의 재테크라 믿는 수연에게 경매는 도박처럼 느껴질 수도 있었다. 보통 사람들도 경매라고 하면 불쌍한 임차인을 강제로 쫓아내는 모습부터 떠올리기 마련이다. 그래도 홍 대리는 어떤 방법으로든 지금 가진 돈으로 신혼집을 마련할 수 있다면 결국 수연도 기뻐할 것이라고 생각했다.

'수연을 설득하려면 먼저 경매에 대해서 확실히 알아야 돼.'

홍 대리는 웹서핑을 계속하다가 칼럼을 하나 발견했다. 부동산 경매 경험담이 담겨 있는 칼럼이었는데, 이제까지 자신이 읽은 글들과는 분위기가 사뭇 달랐다. 수십억을 벌어들인 꿈같은 이야기가 아니라, 사람과 사람 사이에서 벌어지는 생생한 경매 현장에 대한 이야기였다. 홍 대리는 그 글을 쓴 사람이 궁금했다.

'야생화?'

찾아보니 야생화라는 이름으로 올라온 경매 칼럼들이 여럿 보였다. 조금 손해 보더라도 상대를 배려하는 태도로 명도 문제를 풀어나갔다는 이야기와, 경매를 하면서 만난 어려운 이웃들의 눈물겨운 사연 등이었다.

'이 글 재밌는데?'

홍 대리는 칼럼의 출처인 '야생화의 실전경매'라는 카페를 클릭했다. 카페는 생각보다 회원 수가 많았고 회원 간의 교류도 무척 활발해 보였다. 애경사 소식이란 폴더가 있는 것도 의외였다.

당장 카페에 가입한 홍 대리는 올라와 있는 글들을 하나하나 빠짐없이 읽어내려 갔다. 그러다 다음 주 수요일부터 시작하는 기초반 경매강의에 대한 공지사항을 발견했다.

'그래. 아무것도 모르고 시작하는 경매인데, 여러 사람들의 도움을 받아가며 할 수 있다면 더 좋지 뭐. 그래야 수연을 설득하기도 더 쉽고.'

홍 대리는 주저 없이 그 기초반 경매강의를 신청했다. 신청이 완료되었다는 창이 뜨니 뿌듯했다.

'그래, 지금부터 시작인 거야.'

하지만 뿌듯한 마음도 얼마 가지 못했다. 다음날 아침에도 수연의 휴대전화는 계속 꺼져 있었다.

'쳇! 누구 때문에 내가 이 고생을 하는데.'

홍 대리는 자신의 마음을 알아주지 않는 그녀의 태도가 서운했다.

'이틀째 전화를 안 받을 정도면 며칠은 가겠는데……'

수연은 한번 토라지면 연락을 끊어버리는 버릇이 있다. 이 버릇 때문에 몇 번이나 곤란을 겪었는지 모른다. 홍 대리는 수연의 반응이 마음에 걸리기는 했지만, 우선은 경매 공부를 열심히 해보기로 마음먹었다.

부동산경매는 100퍼센트 이기는 싸움이다

이른 시간인데도 강의실 안은 사람들로 북적였다. 경택은 눈에 잘 띄지 않는 구석 자리에 앉았다. 주위에 있는 사람들을 살펴보니 연령대가 다양했고 여자도 많았다. 강의실 안에 있는 사람들만 어림잡아 50명은 돼 보였다.

'경매를 배우려는 사람들이 꽤 많구나.'

사람들을 둘러보며 홍 대리는 자신의 판단이 결코 틀리지 않았다는 것에 안심이 됐다. 하지만 이 많은 사람들 중 성공하는 건 과연 몇이나 될까 하는 두려운 마음이 들기도 했다.

"안녕하십니까! 저는 오늘부터 8주간 여러분들 강의를 맡은 야생화라고 합니다. 반갑습니다."

강의가 시작됐다. 40대 중반으로 보이는 강사는 서글서글한 눈매에 까무잡잡한 얼굴이었다.

'아, 저분이 야생화란 분이구나.'

인사를 마친 야생화가 수강생들에게 조용히 물었다.

"여러분들은 경매가 뭐라고 생각하십니까?"

다들 꿀 먹은 벙어리처럼 얌전히 있자 야생화가 갑자기 버럭 소리를 질렀다.

"경매는 100퍼센트 이기는 싸움입니다!"

홍 대리는 깜짝 놀라 움찔했다. 그뿐만 아니라 다른 수강생들도 그 소리에 놀라 단상으로 시선을 집중했다.

"경매의 장점이 뭐라고 생각하세요? 그건 바로 시세보다 훨씬 싸게 좋은 물건들을 구입할 수 있다는 겁니다. 게다가 물건들이 다양하고 풍부하죠. 아파트, 주택, 상가, 공장, 임야, 농지 등 다양한 물건들이 매달 수만 건씩 경매시장에 나옵니다. 물건에 대한 준비만 확실하게 하면 주식투자보다 안전하면서도 높은 수익을 얻을 수 있죠. 그렇다면 그 물건에 대한 준비라는 게 어떤 걸까요?"

말을 마친 야생화가 수강생들을 둘러봤다. 수강생들은 아무 말도 못하고 야생화만 바라볼 뿐이었다.

"권리…… 분석이요?"

누군가 자신 없는 목소리로 대답했다. 홍 대리는 그 사람이 누구인지 보려고 소리 나는 쪽을 쳐다봤지만 찾을 수가 없었다.

"그렇죠. 권리분석, 물건분석, 시세분석 등 몇 가지 준비가 필요합니다. 하지만 이런 준비에 대해 잘 알고 있는 사람들이 많을까요? 그렇지 않습니다. 아직까지도 사람들은 경매라는 것에 부정적인 인식을 가지고 있습니다. 때문에 경매시장이 그동안 그렇게 대중화되지 못한 겁니다. 요즘 들어 경매로 성공했다는 사례가 책이나 뉴스에 나오는 걸 보면 서서히 대중화되고 있는 것 같습니다. 하지만 아직까진 미미한 편입니다. 이런 때일수록 경매를 공부해서, 좋은 물건을 보다 싸게 가져갈 수 있는 기회를 스스로 찾으셔야 합니다."

"그럼 지금까지 야생화님은 경매로 얼마나 버셨어요?"

강사의 재산을 묻는 질문이 나오자 강의실은 찬물을 끼얹은 듯 조용해졌다. 홍 대리가 고개를 내밀어 살펴보니 질문자는 맨 앞쪽에 앉아 있었다.

누가 보아도 무례한 질문이지만 사실 가장 궁금했던 질문이기도 하다. 바꿔 말하면, 이렇게 공부해서 경매를 하면 과연 얼마나 벌 수 있는가에 대한 질문이기도 했다. 홍 대리는 자신도 모르게 침을 꿀꺽 삼켰다.

"성함이 어떻게 되시죠?"

"저는 공회전이라고 합니다."

"네, 공회전 씨. 대답을 하기 전에 질문 하나 해도 될까요?"

야생화의 말에 당황했는지 공회전은 뒷머리를 긁적였다.

"감정가가 3억으로 나온 상가가 있다고 칩시다. 그런 물건을 공회전 씨가 1억에 낙찰받은 거예요."

"3억짜리를 1억에요? 그렇게만 된다면야 부자 되는 일은 시간 문제겠네요."

공회전은 넉살 좋게 야생화의 말을 받았다.

"그렇죠. 근데 정말 그럴까요?"

"당연히 그렇……겠죠."

야생화의 되물음에 넉살 좋던 공회전도 말끝을 흐렸다.

"자! 여기보세요."

야생화는 수강생들을 집중시키려는 듯 목소리를 높였다.

"대부분의 사람들은 감정가로 그 물건의 가치를 판단합니다. 3억짜리로 나온 물건은 3억으로요. 하지만 정말 그만한 가치가 있는 물건일까요? 만약 그 상가를 낙찰받아놓고 5년 동안 아무런 수익도 내지 못한다면 어쩌시겠어요. 세가 나가지 않는다든가, 낙찰 후 상가를 인도받는 과정에서 예상치 못한 큰돈이 나가게 되면요? 그래도 2억을 벌었다고 생각하시겠어요? 경매에서 가장 중요한 것은 만져보지 못한 2억이 아니라, 그 물건으로 지금 당장 내가 벌어들일 수 있는 돈입니다. 그게 가장 중요한 점이에요. 3억짜리 건물 싸게 낙찰받아서 뭐하겠어요. 내 처자식 먹여 살릴 돈 한 푼 안 나오고, 관리비만 매달 수백만 원씩 들어간다면 아무런 소용이 없는 셈이죠. 안 그런가요?"

수강생들은 저마다 고개를 끄덕였다. 한 아주머니는 세차게 고개를 끄덕이며 야생화에게서 눈을 떼지 못했다.

홍 대리는 이제까지 경매란 미래를 위한 투자라고 생각했다. 자신이 목돈을 투자해놓고 기다릴 수 있는 처지가 아니라는 것을 잘 알고 있음에도, 경매를 몇 년은 놔두고 지켜봐야 하는 주식과도 같은 것이라고 생각했다. 하지만 야생화의 말을 듣고 보니, 경매란 지금의 나와 내 가족을 위한 투자라는 생각이 들었다. 그렇게 본다면 오히려 주식보다 훨씬 안전하고 좋은 재테크 수단이다.

"때문에 경매 고수는 한 번의 거래로 몇 억을 벌었다는 사람이 절대 아닙니다. 수익성이 좋은 물건들을 꾸준히 낙찰받는 사람들, 그런 사람들이 고수라고 할 수 있죠. 제가 경매로 얼마나 벌었는지를 물어보셨죠?"

"예……."

공회전은 기어들어가는 목소리로 대답했다.

"저는 그렇게 많이 번 사람이 아닙니다. 다만 저는 여러분들보다 먼저 경매를 시작했고, 여러분들보다 많이 낙찰을 받아봤을 뿐입니다. 제가 강의 때마다 늘 강조하는 부분이지만, 처음부터 얼마나 많은 돈을 벌어들이는가는 중요한 게 아닙니다. 얼마나 꾸준히 벌어들일 수 있느냐가 중요합니다. 또 얼마에 낙찰을 받았는지가 중요한 게 아니라, 내 호주머니에 실제로 돈이 얼마나 들어올 수 있느냐가 무엇보다 중요합니다."

홍 대리는 부동산경매에 대한 정보를 찾아보면서 몇 십억씩 벌었다고 광고하는 경매 책들을 봤다. 경택은 어쩌면 그것이야말로 신기루 같은 꿈이 아닐까란 생각을 했다. 지금 당장 내게 필요한 돈이 들어오는 것. 어마어마한 부자가 되는 것이 아니라 수연과 함께 살 수 있는 신혼집을 내 돈으로 마련할 수 있는 것. 이것이 자신에게 가장 중요한 점이자, 부동산경매로 지금 자신이 얻을 수 있는 가장 큰 장점이라고 생각했다.

"그렇다면 좋은 물건을 낙찰받으려면 어떻게 해야 할까요? 그 물건이 얼마만큼의 수익을 낼 수 있는지를 꼼꼼히 따져봐야 합니다. 나중에 공부할 내용들이지만 임차인에게 돌아갈 배당금이나 명도 과정에서 들어갈 돈, 혹시라도 있을지 모를 보수공사 비용 등을 세세히 계산해서 입찰가격을 써야 하는 것이지요. 즉 이것은 시세를 파악하는 일이기도 합니다. 이런 준비야말로 경매에서 아주 중요한 작업이라고 할 수 있죠. 이렇게 준비를 철저히 해두고 입찰하는데 질 사람이 몇 명이나 되겠습니까? 때문에 저는 경매가 100퍼센트 이기는 싸움이라고 자신 있게 말씀드리는 겁니다."

야생화의 강의는 계속 이어졌고 홍 대리를 비롯한 수강생들은 그의 말을 한마디도 놓치지 않으려는 듯 눈을 빛냈다.

쉬는 시간이 되자 사람들이 우르르 복도 쪽으로 몰려나갔다. 홍 대리도 사람들을 따라 뒤늦게 복도로 나가보았다. 그는 자판기에서 커피를 뽑으면서 삼삼오오 몰려 있는 사람들을 힐끔 쳐다보았다. 다른 사람들은 어떻게 부동산경매를 알았고 이 강의를 신청했을까 내심 궁금한 게 많았다.

그때 사람들에게 둘러싸여 쉴 새 없이 떠들고 있는 대학생처럼 보이는 남자가 눈에 띄었다.

"등기부등본에 나타나지 않는 권리들도 있어요. 그러니까 조심, 또 조심해야 된다는 이야기죠."

"어휴, 어린 학생이 우리보다 더 잘 아네. 어디서 그렇게 배웠어?"

맨 앞자리에 앉아 세차게 고개를 끄덕이던 아주머니였다.

홍 대리는 은근슬쩍 모여 있는 사람들 곁으로 다가가 서성거렸다. 하지만 무슨 이야기를 하는지 알아들을 수가 없었다.

"헤헤, 그런 건 아니고요. 그런데 누님은 여기 어떻게 알고 오셨어요?"

"누님? 어이쿠, 어린 학생이 말하는 것도 예쁘네."

아주머니를 누님이라고 부르는 학생의 넉살에 주위에 있던 사람들 모두 웃음을 터뜨렸다. 홍 대리도 옆에서 어색하게 웃으며 서 있다가 사람들을 따라 다시 강의실로 들어섰다.

부동산경매,
강제집행만이 능사가 아니다

"자, 이젠 경매 진행 절차에 대해서 알아보겠습니다."

야생화의 말이 떨어지기가 무섭게 홍 대리는 수첩을 꺼내 필기할 준비를 했다.

"채무자가 부동산을 담보로 은행에서 돈을 빌렸는데(근저당) 이자를 연체해서 그 부동산이 경매로 넘어가는 것을 임의경매라 하고, 채무자의 금전문제(가압류)나 전세금반환소송으로 그 부동산이 경매로 넘어가는 것을 강제경매라 합니다. 이 둘의 절차는 다른 점이 거의 없을 정도로 흡사합니다. 따라서 가장 일반적인 진행 절차를 설명하겠습니다. 임의경매든 강제경매든, 채권자가 경매를 신청하면 등기부등본에 경매가 진행된다는 경매개시등기가 뜹니다. 그 다음 절차는 뭘까요?"

"건물의 현황을 조사해야죠."

아까 그 대학생이었다.

"그렇죠. 그렇게 해서 나온 것이 집행관이 조사한 현황평가서입니다. 집행관은 경매가 진행되면 부동산의 현상, 점유관계, 임대차관계 등의 현황을 파악해 보고합니다. 그 다음엔 뭐가 있을까요?"

"건물 가격을 매깁니다."

"네. 감정평가사가 해당 부동산을 감정해서 최저매각금액을 정합니다. 이 금액에 미달하는 가격으로는 입찰할 수 없습니다. 학생은 어려 보이는데, 많이 알고 있네요. 배운 지 좀 됐나 봐요?"

"네, 조금요."

"실례지만 나이가 어떻게 되세요? 학생이세요?"

"얼굴은 어려 보이지만 스물다섯 살 먹은 건강한 청년입니다. 이름은 조인구입니다. 헤헤."

그 대학생은 장난스럽게 대답했다. 홍 대리는 어린 나이임에도 부동산경매에 대해 많이 알고 있는 조인구가 부러웠다.

"이러한 현황평가서와 감정평가서를 바탕으로, 법원 경매담당자는 매각물건명세서를 작성합니다. 여기에는 부동산의 위치, 점유자와 점유의 권리, 임대차기간, 관계인의 신술, 등기된 부동산에 관한 권리 등이 기재되어 있습니다. 그럼, 다음에 진행되는 것은 뭘까요? 이 학생 말고 아시는 분 안 계십니까?"

조인구는 이번에도 대답하려다가 야생화의 마지막 말에 이내 입을 다물었다. 그가 가만히 있자 강의실 안은 다시 조용해졌다.

"이제 입찰을 합니다."

홍 대리 뒤쪽에 앉아 있는 남자가 굵직한 목소리로 대답했다. 말끔한 양복 차림의 남자는 적게 봐도 홍 대리와 비슷한 나이인 것 같았다. 굵은 턱 선과 날카로운 눈매 때문에 전체적으로 차갑게 보이는 인상이었다.

"네, 맞습니다. 대개 감정평가사의 감정가가 물건의 최초 가격이 되어 경매가 시작됩니다. 그리고 지역마다 다르지만 유찰될 때마다 가격은 보통 20퍼센트씩 떨어지고요."

"유찰은 왜 되는 겁니까?"

방금 전의 남자가 야생화에게 따지듯 물었다.

"입찰자가 한 사람도 없을 때입니다. 해당 물건의 매각가격으로 낙찰받았을 때 수익이 없다고 생각되면 해당 물건에 아무도 입찰을 하지 않겠죠? 그럼 유찰이 돼서 다음 회차에 20퍼센트, 또는 30퍼센트 저감되어 진행됩니다. 이 비율은 법원마다 다릅니다."

야생화의 대답에 남자는 알았다는 듯 가볍게 고개를 끄덕였다.

경택은 남자의 그런 태도가 건방지다고 생각했다. 원래 나서기를 좋아하지 않는 경택은 질문을 잘 하지도 않았고, 질문을 하더라도 상대의 기분을 상하게 하지 않으려고 노력하는 편이다. 하지만 차가운 인상의 그 남자는 상대의 기분 따위는 생각하지 않고 자기가 하고 싶은 말만 하는 사람 같았다.

"자, 그럼 원래대로 돌아가서 이야기를 계속합시다. 경매 물건에 입찰해서 낙찰을 받으면 일주일 후에 낙찰 허가가 떨어집니다. 경매는 법원의 경매담당 판사가 위임한 집행관이 진행하는데, 경매 담당 판사는 이 일주일 동안 경매 진행 절차에 문제가 있는지, 낙찰자가 기재한 입찰표에 문제가 있는지 검토해야 합니다."

"문제가 있으면 불허가가 나오나요?"

조인구가 오랜만에 질문을 했다.

"네. 하지만 불허가가 떨어지는 경우는 3, 4퍼센트 정도밖에 되지 않습니다. 이제 낙찰 허가가 나면 일주일 동안 해당 물건의 이해관계인들이 항고를 할 수 있는 기간이 주어지는데, 항고를 하는 경우도 거의 없습니다. 왜냐하면 항고를 하려면 낙찰받은 금액의 10퍼센트를 내야 하고, 항고 내용이 받아들여지지 않으면 전액 몰수당하거든요. 그래서 대부분 항고를 하지 않습니다. 그렇게 아무도 항고하지 않으면, 일주일 후쯤에 잔금기한이 잡히고(약 30일~40일), 잔금기한 안에 잔금을 치르면 약 40일 후에 배당이 진행됩니다. 그리고 이제 명도가 시작되는 거죠. 이렇게 되면 경매 절차는 거의 끝났다고 봐도 됩니다. 하지만 이 명도라는 것이 꽤 복잡하고 힘든 과정입니다."

명도라는 말에 홍 대리는 긴장했다. 명도의 어려움에 대한 글을 카페에서 봤기 때문이다.

"실제로 초보자들 중에는 명도가 어려워서 낙찰을 받았어도 손해를 보거나 물건을 포기하는 분들이 종종 있습니다. 만약 낙찰을 받았는데 살고 있던 사람들이 못 나가겠다면서 배 째라는 식으로 나오면 여러분은 어떻게 하시겠어요?"

야생화의 질문에 홍 대리의 마음은 더욱 무거워졌다.

"강제집행이 있지 않습니까?"

차가운 인상의 남자가 따지듯이 물었다. 홍 대리는 강제집행이란 말을 듣자, 검은 정장을 입은 사람들이 우르르 몰려들어 가구며 식기들을 옮기는, 드라마나 영화에서 봤던 장면들이 떠올랐다.

'어휴, 그렇게까지 해야 한단 말이야?'

홍 대리는 고개를 돌려 그 남자를 바라봤다. 그는 뭐가 못마땅한지 인상을 찌푸린 채 삐딱하게 앉아 있었다.

"여기에 실제로 강제집행을 해보거나 당해보신 분 계십니까?"

야생화의 말에 다시 조용해졌다. 다들 강제집행이라는 말에 담긴 속뜻을 대충은 짐작하고 있는 눈치였다.

"솔직히 저는, 이제까지 강제집행이라는 것을 단 한 번도 해본 적이 없습니다."

야생화의 말에 수강생들 몇몇이 수군댔다. 야생화는 개의치 않고 말을 이어갔다.

"왜냐하면 저는 17년 전 제가 세 들어 살 때, 강제집행을 당해봤기 때문입니다. 당해보지 않은 사람은 그런 설움을 잘 모릅니다. 하루아침에 자신이 살던 집에서 내쫓겨지는 기분이 어떻겠습니까. 게다가 경매로 나온 물건에 세 들어 사는 사람들 중 어렵지 않게 사는 사람이 몇이나 되겠어요. 강제집행이라는 건 그렇게 말처럼 쉬운 일이 아닙니다. 강제집행은 어디 공짜로 해주나요. 다 돈 들이고 시간 들여서 하는 일이죠. 어차피 그럴 바에야 서로 마음 상하지 않게, 강제집행에 들일 돈으로 이사비용을 더 챙겨서 준다면 좋게 끝나지 않을까요? 그 집이 법적으로 내 집이어도 서로 예의를 지키는 게 중요합니다. 경매 또한 결국 사람과 사람 사이에서 벌어지는 일이니까요."

야생화는 회한에 젖은 듯 잠깐 생각을 하다가 다시 입을 열었다.

"한 번은 이런 일도 있었습니다. 명도에 대해 강의할 때마다 떠오르는 얘깁니다만, 원당에 있는 아파트를 낙찰받았을 때의 일입니다. 잔금을 치르고 나서 채무자인 집주인을 만나려고 몇 번이나 찾아갔는데도 도무지 만날 수가 없었습니다. 그래서 제 연락처를 남겨두고 왔습니다. 며칠이 지나서 한 남자 분한테 전화가 왔는데, 자기가 집주인이라며 만나서 상의할 게 있다고 하더군요. 그러면서 제가 일하는 사무실 근처로 찾아오겠다는 거예요. 뭔가 이상하다 싶었습니다. 대개 살던 집이 경매로 넘어간 사람들은 자기 집에서 낙찰자를 만나 하소연을 하다가 이사비용을 가지고 실랑이를 벌이기 마련이거든요. 그런데 이 사람은 굳이 밖에서 만나자는 겁니다."

야생화의 말에 수강생들도 의아하다는 듯이 고개를 갸웃거렸다. 홍 대리도 궁금하기는 마찬가지였지만 잠자코 야생화의 다음 이야기를 기다렸다.

"저는 이상한 생각도 들었지만, 한편으론 최대한 예의를 갖춰 말하고 있다는 게 느껴지고 뭔가 예의를 아는 듯한 사람인 것 같아 순순히 그러겠다고 했죠. 약속한 날 만나보니 머리가 희끗희끗한 중년의 남자분이셨는데, 집에 고3 아들을 둔 아버지더군요. 수능시험은 얼마 안 남았고 집은 경매로 넘어가 버렸으니, 그 아버지 마음이 어떻겠습니까? 행여나 아들 공부하는 데 방해될까 봐, 집이 경매로 넘어간 사실을 감추려고 얼마나 애를 썼겠습니까? 그래서 집배원 아저씨한테 부탁해서 경매와 관련된 우편물은 따로 받을 정도였으니……."

강의실 안의 분위기는 숙연해졌다.

"그동안 마음고생 한 이야기를 털어놓으면서 결국엔 이 양반이 눈물까지 흘리더라고요. 나이깨나 잡수신 분이 처음 보는 사람 앞에서 눈물을 펑펑 쏟는데, 그거 참 눈뜨고 못 볼 짓이더군요. 그러면서 수능 끝나는 달까지만 이사 나가는 걸 봐달라고 통사정을 하고 또 하는데, 그걸 어떻게……."

야생화도 새삼 그때의 감정이 북받치는지 눈시울이 붉어지며 잠시 이야기를 멈췄다. 강의실 안은 적막에 빠져든 듯했다. 겨우 진정이 됐는지 야생화가 말을 이어갔다.

"여러분도 한번 생각해보세요. 아마 경매 문제만 걸려 있었다면 그분도 처음 보는 사람 앞에서 눈물을 쏟고 그러진 않았을 거예요. 그 아들 때문에, 아들 공부 때문에, 체면이고 뭐고 상관없이 매달린 거 아니겠어요. 그 자리에 있었다면 저뿐만 아니라 그 누구도 모른 척하기 어려웠을 겁니다. 그런 부모 마음을 어떻게 외면할 수 있겠어요."

"그래서 어떻게 하셨나요?"

그 뒤의 이야기가 너무 궁금했는지 수강생 한 명이 야생화에게 물었다.

"그래서 약속을 드렸죠. 수능 끝나는 달까지는 그 집 근처에도 가지 않고 전화도 하지 않겠다고. 그분은 울먹이며 몇 번이나 감사하다는 말을 남겨놓고 돌아갔습니다. 그리고 석 달쯤 지났을까요, 수능 끝나고 보름도 안 지나서 그분한테 전화가 왔어요. 어제 이사했다면서 이 은혜 평생 잊지 않겠다고 하셨어요. 다음날 확인 차 그 집에 가보고선 정말 깜짝 놀랐습니다. 집 청소는 물론이고, 밀린 관리비 하나 없이 깨끗하게 정산해놓고 가셨더라고요. 그러고 보면 이사비용 한 푼 드리지도 못했는데……. 아무튼 내가 진심으로 대하면 상대방도 나에게 진심으로 대한다는 걸 그때 새삼 느꼈지요. 명도라고 해서 다를 바가 없다는 걸 여러분도 아마 느끼셨으리라 믿습니다."

야생화가 말을 마치자 수강생들은 우레와 같은 박수를 쳤다. 홍대리는 야생화의 말처럼 상대를 진심으로 배려하고 존중한다면 명도도 그렇게 두려운 일만은 아니겠구나 생각했다.

꿈을 이루고 싶은 사람들

"뒤풀이 장소로 이동하겠습니다."

이번 강의의 운영진으로 보이는 사람들이 수강생들을 이끌었다. 강의실 입구 쪽에서 서성이던 홍 대리도 무리에 섞여 발걸음을 옮겼다.

뒤풀이 장소인 호프집에 도착하자, 테이블마다 맥주잔과 기본 안주가 준비돼 있었다. 술집은 금세 수강생들로 북적였다. 기껏해야 한두 명 빠졌을까, 홍 대리는 이렇게 많은 사람들이 뒤풀이에 오리라곤 생각하지 못했다. 그는 새로운 사람들이 북적이는 분위기에 적응하지 못하고 위축되는 것을 느꼈다.

사람들이 어느 정도 자리를 잡고 앉자 야생화가 일어나서 한마디 했다.

"이렇게 모였으니 자기소개라도 한번 해볼까요? 저쪽 끝에서부터 시작해보죠. 성함하고 카페 닉네임, 직업을 이야기해주세요. 그래야 제가 기억할 수 있거든요. 왜 경매에 관심을 갖게 됐는지도 말씀해주시면 좋겠습니다."

야생화의 진행으로 자기소개가 시작되었다. 사람들은 일제히 야생화가 지목한 사람 쪽으로 고개를 돌렸다. 구석자리에서 한 남자가 일어났다. 중간 키에 뿔테 안경을 쓴 남자는 왜소해 보였다.

"안녕하세요. 이정도라고 합니다. 직업은 학교 선생입니다. 아무래도 아이 둘이 있는 가장이다 보니 학교 선생 월급으로는 생활이 많이 빠듯하네요. 미래를 대비하는 차원에서 경매를 시작하게 됐습니다. 경매를 잘 배워서 노후를 편안하게 보낼 수 있는 전원주택을 마련하는 게 목표입니다. 닉네임은 늘 웃고 살자는 뜻에서 해피스마일로 지었습니다. 잘 부탁드립니다."

이정도의 소개가 끝나자 사람들이 박수를 쳤다.

홍 대리는 초조해지기 시작했다. 자신의 차례는 아직 한참이나 남았지만, 어떻게 말해야 할지 몰라 걱정이 되었기 때문이다.

'아, 자기소개를 어떻게 하지? 신혼집 장만하려고 경매를 시작한다고 하면 사람들이 비웃지 않을까?'

경택은 초조한 마음에 도무지 사람들의 자기소개에 집중할 수가 없었다. 그는 술로 목을 축이며 마음을 진정시키려고 애썼지만 소용이 없었다.

"자, 다른 사람들 소개에 집중합시다."

홍 대리는 야생화의 말을 듣고 나서야 숙였던 고개를 들었다. 이번에는 야생화의 재산을 물었던 공회전이 일어섰다.

"저는 공회전이라고 합니다. 대학 졸업하고 안 해본 것이 없을 정도로 여러 가지 일을 해봤습니다. 회사에도 다녀보고, 사업도 좀 해보고, 주식에도 손을 좀 대봤죠. 그런데 모두 다 적성에 맞지 않는 거예요. 그래서 여기까지 오게 됐습니다. 왠지 첫 시간부터 느낌이 좋은 게, 경매는 제 적성에 딱 맞는다는 생각이 듭니다. 앞으로 경매로 성공해 부자가 되고 싶습니다. 아, 제 닉네임은 '빅! 뱅!'입니다."

닉네임에 맞춰 우스꽝스런 동작을 취하자 여기저기서 웃음소리가 터져 나왔다. 공회전도 사람들의 반응이 만족스러운지 웃으며 꾸벅 인사를 하더니 자리에 앉았다. 뒤이어 나이가 지긋해 보이는 아저씨가 일어섰다. 목소리에서부터 중후함이 느껴졌다.

"안녕하십니까. 저는 김현종이라고 합니다. 작년 겨울쯤에 퇴직하고서 한동안 고민하다가, 이렇게 경매 공부를 하게 되었습니다. 오늘 수업을 듣고서 느낀 건데, 경매 공부를 하러 왔다기보다 인생 공부를 하러 온 게 아닌가 싶은 마음이 듭니다. 야생화님의 사람을 위한 경매가 참 마음에 와 닿았습니다. 앞으로 잘 부탁드리고요, 제 닉네임은 아빠의 청춘입니다. 이상입니다."

"아닙니다. 오히려 제가 더 잘 부탁드려야죠. 강의 들으시느라 오늘 고생 많으셨습니다."

야생화도 김현종에게 정중히 답례했다.

"흠흠, 이제 제 소개를 할 테니 저한테 집중해주세요."

조인구가 큰 소리로 말했다. 집중해달라는 그의 표정이 재미있었는지 여기저기서 웃음소리가 들렸다. 그 웃음소리가 기분 나쁘지 않다는 듯, 조인구도 미소 지으며 자기소개를 시작했다.

"안녕하세요, 조인구라고 합니다. 아마 이곳에서 제가 제일 어린 것 같네요, 헤헤. 제대해서 복학 준비 중이고요, 올해 안으로 공인중개사 시험도 보려고 합니다. 대한민국은 누가 뭐래도 부동산 아닙니까. 열심히 공부해서 부동산을 전업으로 하는 게 꿈입니다. 형님, 누님들. 앞으로 저를 편하게 인구라고 불러주세요."

조인구가 이렇게 애교 반 넉살 반으로 사람들의 이목을 끄는 동안에도, 홍 대리는 자기 차례가 다가오는 게 불안해서 어쩔 줄 몰랐다. 박수도 치는 둥 마는 둥 그러고 있는데, 옆에 앉아 있는 여자가 대차게 일어났다. 20대 후반쯤으로 보이는 여자는 청바지에 면 티를 입은 수수한 옷차림을 하고 있었다. 빼어난 미인은 아니지만 웃을 때 보이는 보조개가 매력적이었다.

"안녕하세요. 차승미라고 합니다. 만나서 너무너무 반갑고요, 저는 강남에서 영어 과외를 하고 있습니다. 이름은 들어보셨나요? 승리의 미소, 족집게 차승미!"

차승미는 브이(V) 자를 그리며 해맑게 웃었다. 차승미의 밝은 웃음에 사람들은 그녀에게서 눈을 떼지 못했다.

"다른 분들도 마찬가지겠지만, 저도 경매로 돈 좀 벌어볼까 하는 마음에서 왔어요. 닉네임은 풀하우스입니다. 카페에서도 많이 들 아는 척해주세요. 아, 그리고 토익 준비하시는 분, 영어 공부가 필요하신 분, 도움 요청하면 바로 족집게 수업 들어갑니다. 앞으로 좋은 동지이자 라이벌이 되었으면 좋겠습니다.”

그 어느 소개 때보다 큰 박수가 터졌다. 차승미도 그 박수소리에 몇 번씩 더 인사를 해가며 넉살을 부렸고, 덕분에 홍 대리의 긴장은 최고조로 달했다.

"소개 안 하세요?"

차승미가 앉아 있는 홍 대리에게 말했다.

"아, 네…….”

경택은 엉거주춤 일어섰다. 어딜 봐야 좋을지 몰라 두리번거리다가 반대편에 있는 TV에 시선을 고정시킨 채 입을 열었다.

"아, 안녕하세요. 저는 홍 대리, 아니 홍경택이라고 하고요. 후……, 제가 원래 긴장을 좀 잘하는 성격이라서요…….”

홍 대리는 심호흡을 두세 번 하고는 다시 자기소개를 시작했다.

"저는 컴퓨터 부품을 수출입하는 작은 무역회사에서 영업을 맡고 있습니다. 아직 대리라서 제 닉네임도 홍 대리로 지었습니다. 여러분 모두 만나서 반갑습니다.”

자리에 앉으려던 그는 잊은 것이 생각나 다시 벌떡 일어섰다.

"아! 저는 제 돈으로 신혼집을 마련해보고자 경매 공부를 시작하게 됐습니다. 잘 부탁드립니다.”

홍 대리가 얼굴을 붉히며 자리에 앉았다. 박수소리가 채 끊기기도 전에 옆에 앉아 있던 남자가 일어났다. 강의시간에 홍 대리 뒤에 앉아 질문을 던지던 사람이었다.

"서준태라고 합니다. 우리건설에서 일하고 있고, 경매 공부는 한 지 좀 됐습니다. 낙찰받아본 경험도 있습니다. 탄탄대로 인생이 되 길 바라는 마음에서 닉네임은 탄탄대로로 정했습니다. 주변에서 경매를 하는 분들이 야생화님의 강의를 추천해주셔서 신청했습 니다. 잘 부탁드립니다."

서준태가 자리에 앉자마자 그 옆에 앉아 있던 아주머니가 물 었다.

"어머, 낙찰도 받아보고 그랬으면 이미 경험이 많겠네요."

"네."

홍 대리는 왠지 거만해 보이는 서준태를 슬쩍 보다가 그 옆에서 일어나는 아주머니에게 고개를 돌렸다.

"어머, 안녕들 하세요? 저는 윤경선이라고 하고요, 제 닉네임은 피렌체예요. 죽기 전에 피렌체 두오모 성당에 꼭 가보고 싶어서 그렇게 지었답니다, 호호호. 그나저나 오늘 강의 듣는데, 저는 눈 물이 다 날 뻔했어요. 너무 감동적이었어요, 선생님."

어느새 윤경선의 눈가가 촉촉해지더니 눈물이 맺히기 시작 했다. 당황한 야생화는 휴지를 뽑아 그녀의 손에 들려주었다.

"아휴, 제가 좀 주책이죠. 저도 그렇게 넉넉한 살림은 아닌데요, 제 두 아들 장가보낼 때 제 손으로 집 하나씩 마련해주고픈 마음 이 있습니다. 그래서 꼭 경매로 성공하고 싶어요. 다들 꼭 성공합 시다. 만나서 반갑습니다."

야생화가 잔을 들고 일어나 말하기 시작했다.

"다들 경매로 이루고 싶은 꿈들이 하나씩은 있으실 거라고 생각합니다. 이제 시작입니다. 부족한 사람이지만, 여러분에게 제 손을 조심스레 내밉니다. 남은 기간 열심히 공부하시고, 여러분의 꿈을 멋지게 그려보십시오. 저는 여러분이 그 꿈을 이룰 수 있도록 최선을 다할 것입니다. 어려워 마십시오. 힘들어 하지도 마십시오.

저도 17년 전에는 참으로 힘들었던 시기가 있었습니다. 그러나 경매를 통해 다시 일어섰습니다. 여러분은 저보다 더 크게 성공하실 수 있습니다."

야생화의 눈에도 어느덧 눈물이 고였다. 야생화는 힘들게 살아왔던 지난날들을 떨쳐버리려는 듯 큰 목소리로 건배를 외쳤다.

"자! 다 같이, 우리의 소중한 꿈을 위하여!"

"우리의 소중한 꿈을 위하여!"

돈보다 소중한 인연을 만나다

여기저기서 서로의 이름과 직업을 묻느라 뒤풀이 분위기가 소란스러워지기 시작했다. 하지만 홍 대리와 서준태는 아무 말도 하지 않은 채 술만 마시고 있었다. 어색한 분위기를 참지 못한 경택이 서준태에게 먼저 말을 걸었다.

"건설회사에 다니시면 아무래도 경매 배우는 데 도움이 많이 되시겠어요."

"아무래도 그렇죠."

"……."

홍 대리는 또 뭐라고 질문해야 할지 몰라 고민에 빠졌다. 마침 조인구와 대화하던 차승미가 홍 대리 쪽으로 몸을 돌렸다.

"안녕하세요? 전 차승미예요."

"아, 네. 반갑습니다."

"네, 안녕하세요."

차승미가 환한 미소를 지으며 먼저 아는 척을 했다.

"실례지만 나이가 어떻게 되세요?"

"저요? 저는 서른둘입니다."

"어머, 정말요? 동안이시네요. 더 어리게 봤는데."

"근데 대리면 회사에서 어느 정도인 거예요?"

조인구가 갑자기 끼어들어 홍 대리에게 묻는다.

"아, 그게…….'

"어머, 인구야. 그건 좀 실례되는 질문 같아."

차승미가 놀라며 조인구를 나무랬다.

"아직 올라가려면 멀었지."

홍 대리가 억지웃음을 지으며 말했다.

"말단 사원부터 대리, 과장, 차장, 부장, 이사, 상무, 전무, 사장, 이렇게 올라가지. 홍 대리님은 입사가 좀 늦으셨나 봐요?"

'이 인간이…….'

서준태가 갑작스럽게 끼어들며 물었다. 홍 대리는 그 말이 나이에 비해 직급이 낮다는 것을 비꼬는 것 같아 기분이 나빴다. 애써 태연한 척했지만 얼굴이 벌겋게 달아오르는 것을 느꼈다. 뭐라고 반박이라도 해야겠다 싶던 찰나에 차승미가 끼어들었다.

"근데, 또 회사마다 달라 인구야. 회사 규모나 상황에 따라 직책이 더 생기거나 없어지는 경우도 있거든. 너도 회사 들어가 보면 알 거야."

"아, 그렇구나. 제가 잘 몰랐어요, 누나. 하하하하."

질문을 꺼냈던 조인구도 무안했던지 웃음소리가 어색했다.

"뭐, 그럴 수도 있지."

홍 대리도 어색한 웃음을 지었다. 서준태만 무표정한 얼굴로 세 사람을 차례로 보았다. 옆에 앉아 있던 윤경선이 갑자기 큰 소리로 이야기하기 시작했다.

"야생화님은 정말 대단하셔. 어떻게 17년 동안 경매를 하시면서 강제집행을 한 번도 안 하실 수가 있을까? 어휴, 사람이 어디 그러기가 쉽나."

"강제집행을 안 하면, 그럼 무릎 꿇고 빌면서 내보내나요?"

서준태가 딴죽을 걸듯 윤경선에게 물었다.

"그런 뜻이 아니잖아요. 기왕이면 좋게 끝내는 게 더 좋으니까 그런 거 아니겠어요."

보다 못한 차승미가 서준태에게 쏘아붙이듯이 말했다. 홍 대리와 조인구도 동의한다는 듯이 고개를 끄덕였다.

"어디 그래서 경매로 돈 벌 수 있겠습니까? 여기 모인 사람들 다 돈 벌자고 모인 거잖아요. 자선사업가나 되자고 여기 모인 건 아니지 않느냐는 말입니다."

서준태도 목소리를 높였다. 근처에 있는 사람들의 시선이 그에게 쏠렸다.

"자, 여기 집중 좀 해주세요."

분위기가 묘하게 돌아가자 야생화가 말문을 열었다.

"이제부터 8주 동안 함께 공부할 여러분들은 동기라고도 할 수 있습니다. 하지만 이 수업만이 전부가 되어서는 안 됩니다. 유료 경매 자료들을 함께 열람할 수 있도록 소그룹을 짜서 함께 공부하세요. 큰 도움이 될 겁니다. 쇠뿔도 단김에 빼라고, 지금 이 자리에서 소그룹을 만들어보시는 게 어떻겠어요? 그럼 다들 빨리 친해지실 텐데요."

야생화의 갑작스런 제안에 서준태도 입을 다물었다. 눈치만 살피고 있던 김현종이 조인구의 옆구리를 찌르며 말했다.

"인구, 자네가 주도해보는 게 어떻겠나? 아무래도 나이도 제일 어리고 경매도 많이 알고. 그러니 자네가 적임자일 것 같은데."

"아, 그럴까요? 그럼 제가 하겠습니다. 사람 숫자가 많으니까 테이블 별로 스터디 모임을 만드는 게 어떨까요?"

"네!"

"좋습니다."

사람들은 흔쾌히 동의했다. 사람들은 다시 즐겁게 이야기를 나누기 시작했고 술자리는 다시 활기를 찾아갔다.

"여기에 이름하고 전화번호를 적어주세요."

차승미도 이 분위기를 쇄신해보고자 조인구를 도와 메모지와 볼펜을 돌렸다.

'저런 사람과 같이 스터디를 해야 한단 말이야?'

홍 대리는 옆에 앉은 서준태를 힐긋 보며 못마땅한 표정을 지었다. 서준태도 그런 홍 대리를 냉랭한 시선으로 쳐다봤다. 분위기가 심상치 않음을 감지한 조인구가 둘 사이에 끼어들었다.

"이제 스터디 모임 동기도 됐으니, 우리 다들 잘해봐요. 네?"

"뭐야, 저 두 사람은 왜 저래?"

그때까지도 상황 파악을 제대로 하지 못한 공회전이 홍 대리와 서준태를 보며 말했다. 그런 공회전을 가로막으며 김현종이 나지막이 이야기했다.

"아직 서로 잘 모르니까 그러는 거지. 이제 그만하고 좋게 마무리 지으시게들. 우리가 오늘 하루만 보고 말 것도 아니고. 오래 가면 좋지 않지."

김현종의 나무라는 소리에도 불구하고 뒤풀이가 끝나 헤어질 때까지 홍 대리는 서준태와 말 한마디 섞지 않았다. 자리가 불편했던 홍 대리는 뒤풀이를 마치자마자 빠른 걸음으로 지하철역 쪽으로 걸어갔다. 막 지하철역으로 내려가려는데, 뒤에서 자신을 부르는 소리가 들렸다.

"홍 대리님! 홍 대리님!"

뒤를 돌아보니 차승미가 이쪽으로 뛰어오고 있었다.

"어휴, 무슨 사람이 그래, 몇 번을 불렀는데 못 듣고. 화곡동 쪽으로 가신다고 했죠? 저도 그쪽이거든요."

"네……."

둘은 말없이 같은 방향으로 가는 지하철에 올랐다.

"아깐 기분 많이 나빴어요?"

조용히 옆에 서 있는 홍 대리에게 차승미가 먼저 말을 꺼냈다. 그제야 경택은 옆에 사람을 두고도 너무 말없이 가고 있었다는 사실을 깨달았다.

"아! 미안해요, 제가 생각에 빠지면 말이 없어져서……. 뭐, 그냥 그래요."

홍 대리는 소심해 보일까봐 미소를 지으며 안 그런 척했지만, 차승미는 그의 마음을 훤히 들여다보고 있는 것 같았다.

"너무 마음 쓰지 마세요. 그리고 그분이 왜 여기 와 있는지도 모르겠고……."

"네?"

홍 대리는 무슨 말인지 이해 못하겠다는 표정으로 차승미를 바라봤다.

"그렇잖아요. 서준태 씨 말하는 걸 들어보면 인정사정 안 봐줄 것 같은 사람인데, 강제집행을 한 번도 해보지 못한 야생화님 강의를 들으러 왔다는 게 아이러니해서요."

"하하, 그러네요. 근데 승미 씨는 야생화님에 대해서 잘 아시나 봐요."

"잘 아는 건 아니에요. 그냥 야생화님이 쓰신 『100배의 축복』이란 책만 읽어봤어요. 사실 그렇게 마음 여린 분이 아직까지 경매 일을 하고 계신다는 게 놀라워요."

"그렇죠. 돈과 시간이 들더라도 강제집행해버리는 게 제일 편한 방법일지도 모르는데 말이에요. 앗, 저 먼저 내립니다!"

어느덧 지하철은 내려야 할 역에 도착해 있었다. 홍 대리는 황급히 인사를 하고 문이 닫히려는 찰나 지하철에서 내렸다. 그는 차승미를 향해 손을 흔들었다. 자신의 기분을 풀어주려는 그녀의 마음 씀씀이가 고마웠기 때문이다.

'그래, 싫은 사람보다 좋은 사람이 더 많잖아. 경매 공부, 잘 시작한 거야.'

어느덧 그의 가슴속에 남아 있던 불안감은 사라지고 안도감이 몰려왔다.

경매가 야비하다고?

"홍 대리! 도대체 무슨 생각을 하고 있는 거야? 몇 번을 불러도 못 알아들어. 지난번에 체결된 계약서 어디 있어?"

"네? 그 계약서가 여기 어디에 있었는데……. 잠시만요."

"요새 정신을 어디다 놓고 다니는 거야."

"죄송합니다. 여기 계약서……."

"홍 대리, 요즘 왜 그래? 계약 실적도 안 좋고."

"죄송합니다."

"독사 부장이 잔뜩 독을 품고 있으니까 조심하라고."

박 과장은 핀잔을 준 뒤 낚아채듯이 계약서를 가져갔다. 그가 사라질 때까지 눈치를 보던 홍 대리는 조용히 자리에서 일어나 사무실 밖으로 나갔다. 홍 대리는 커피를 한 잔 뽑아 창문가로 갔다.

열린 창문으로 상쾌한 바람이 불어왔다.

홍 대리가 다니는 회사는 컴퓨터 부품을 수출입하는 무역회사다. 그의 일은 외국 바이어를 만나 컴퓨터 부품 수출 계약을 따는 것이다. 원래 붙임성 없고 어수룩한 성격이라 실적이 좋은 편은 아니었지만, 요즘은 실적이 더 안 좋아졌다. 그럴 만도 한 것이 퇴근 후 경매 공부를 하느라 수면 시간이 부족했기 때문이다.

'어제는 좀 일찍 잘 걸 그랬나. 이따 수연이도 만나야 하는데. 아, 정말 피곤하네.'

사실 실적보다 더 큰 걱정은 저녁 때 만나기로 한 수연이다. 홍 대리는 매일같이 그녀에게 전화를 했고, 3일째 되는 어제 겨우 통화를 할 수 있었다.

"내일 봐."

수연은 이 말만 남기고 쌀쌀맞게 전화를 끊었다. 마치 헤어진 남자친구의 전화를 받는 것 같은 느낌마저 들었다.

'아휴, 잘 살아보겠다고 시작한 일이 왜 이리 꼬이냐.'

어떻게든 말을 잘해서 수연이 마음을 풀어줘야 하는데, 솔직히 홍 대리는 영 자신이 없었다. 주식이든 펀드든 일단 투자라면 반대부터 하던 수연이었다. 홍 대리도 "저축만이 우리가 살 길"임을 입에 달고 다니는 수연과 생각이 비슷해서, 이제까지 이런 일로 크게 부딪친 적이 없었다.

'경매가 나쁘지 않다는 걸 잘 설득해봐야지.'

지금 할 수 있는 최선의 방법은 경매에 대해 부정적인 생각을 가지고 있는 수연을 설득하는 것이었다.

"여기서 또 뭐하시나, 홍 대리. 이렇게 땡땡이 칠 시간 있으면 이번에 새로 수출할 물건에 대해 좀 더 알아보란 말이야. 왜 이렇게 일에 집중을 못하는 건지……."

화장실을 다녀오던 박 과장이 창가에 서 있는 홍 대리를 보고 한마디 했다. 홍 대리는 어색한 미소를 지으며 박 과장 뒤를 따라 사무실 안으로 들어갔다.

> 나 지금 출발해. 오빠는 어디야?

수연에게서 문자가 왔다. 수연이 지금 출발하면 30분 이내에 약속 장소에 도착할 것이다. 홍 대리는 자신도 어서 퇴근해야겠다는 생각이 들었지만, 사무실 사람들 중 어느 누구도 퇴근하려는 사람이 없었다. 그는 다른 사람들 눈치를 보며 조심스럽게 문자를 보냈다.

> 아직 사무실. 아무도 퇴근을 안 하네ㅠ_ㅠ 먼저 들어가 있을래? 금방 갈게.

홍 대리는 마음이 조급해졌다. 하필이면 오늘 같은 날 이렇게 늦다니. 홍 대리는 애가 탔다. 그때였다.

"자, 나 먼저 갑니다. 오늘은 일들이 많은가? 퇴근들이 늦네."

홍 대리는 속으로 쾌재를 불렀다. 부장님이었다. 부장님이 사무실 밖으로 나가자마자 여기저기서 퇴근 준비하는 소리가 들렸다.

홍 대리는 조금 더 눈치를 보다 박 과장이 나가는 걸 본 후 재빨리 자리에서 일어섰다.

> 지금 출발^^ 눈썹 휘날리게 달려갈게!!

"미안. 많이 기다렸지? 왜 이렇게 퇴근을 안 하시는지. 우리나라는 이게 문제라니까. 정시 퇴근하는데 도대체 왜 눈치를 봐야 하는지 모르겠어. 다른 나라는 칼퇴근 하고도 잘 먹고 잘 사는데. 문제야, 문제."

긴장한 홍 대리가 쉬지 않고 이야기를 했지만 수연은 아무런 반응이 없었다. 그녀는 대답 대신 근처를 지나가던 웨이터를 불렀다.

"여기, 주문이요."

"그래, 얼른 주문부터 하자. 배고프지? 뭐 먹을까?"

"여기 음식이야 다 거기서 거기지 뭐. 난 이거 먹을래."

"아, 그래? 나도 그거."

주문을 마친 수연은 싸늘한 표정으로 홍 대리를 봤다. 드디어 올 것이 왔구나 하는 생각이 들었다.

"수연아, 경매는 나쁜 게 아니야."

홍 대리는 수연이 말하기 전에 먼저 경매 이야기를 꺼냈다.

"경매는 잘만 하면 적은 돈으로 내 집을 마련할 수 있는 좋은 재테크 수단이야. 물론 수연이 네가 한푼 두푼 저축하는 것을 더 좋아하는 설 알시만 지금은 특별한 경우잖아."

"특별한 경우? 신혼집 마련하는 거?"

"그래."

홍 대리는 말을 하면서도 수연의 표정을 계속 살폈다. 하지만 그녀의 얼굴에는 여전히 냉기가 흐르고 있었다.

"나도 경매에 막연한 거부감이 있었던 건 사실이야. 하지만 며칠 전에 경매카페 모임에 가서 확신을 가졌어. 경매는 배워두면 확실히 내 집을 마련할 수 있는 가장 좋은 수단이라는 걸. 솔직히 이런 말 내 입으로 하긴 좀 그렇지만, 내가 그동안 저축한 돈으로는 서울에 있는 전셋집 얻기도 좀 힘들어."

홍 대리는 한 번도 수연에게 밝힌 적이 없던 자신의 재산 내역에 대해 말하기 시작했다.

"5년 동안 직장 다니면서 모은 돈이 5000만 원밖에 안 돼. 2년 전부터는 시골에 계신 어머니 병원비 때문에 거의 저축을 못했고. 이 돈 가지고 괜찮은 전셋집 얻으려면 대출을 많이 받아야 해. 결국 경매밖에 답이 없어. 그러니까 수연이 네가 조금만 더 나를 이해해줬으면 좋겠어."

"오빠가 착각한 게 하나 있어. 경매라고 해서 5000만 원으로 집을 구할 수 있는 건 아니잖아."

홍 대리의 말에 수연은 차갑게 대답을 했다.

"그래, 네 말이 무슨 뜻인지 알아. 근데 경매는 일반 매매보다 대출도 훨씬 잘 돼서, 지금 우리 형편으로는 상상도 못할 집을 살 수 있다니까. 수연아, 조금만 더 공부해서 제대로 준비하면 우리도 좋은 집을 싸게 구할 수 있어."

경택이 자신만만하게 말했다.

"대출? 얼마나 대출을 받으려고? 난 무리하고 싶지 않아. 아니, 그것보다 오빠가 경매를 제대로 할 수 있을 것 같아? 오빠는 경매가 뭔지 제대로 알기나 하는 거야?"

"무슨 뜻이야?"

홍 대리의 표정이 굳어졌다. 그런 홍 대리를 보고 수연도 얼른 대답을 못하고 그의 눈치를 살폈다.

"너 그러니까, 지금 경매를 말리는 이유가 내 능력으로는 도저히 할 수 없을 것 같아서 그러는 거야?"

"아니, 꼭 그렇다기보다……. 솔직히 그렇잖아, 오빠 성격에 경매를 할 수 있겠냐는 거지."

"내 성격이 어때서?"

"아니, 오빠에게는 사업가 기질이 부족하지 않나 해서 그러는 거지. 오빠는 빠르게 결단하기보다는 인내하고 기다리는 성격이잖아. 그런데 경매는 순간순간 빠르게 판단해야 하니까……."

"수연아, 그런 걱정 말고 날 좀 믿어봐. 내가 경매로 우리 신혼집을 꼭 구할 테니까."

홍 대리는 자신만만하게 대꾸했다. 하지만 수연의 표정은 싸늘하기만 했다.

"오빠, 내 말뜻을 정말 이해 못한 거야?"

"응? 뭐가?"

"내가 이렇게 싫다는 걸 돌려서 말하는데, 오빠는 끝까지 경매를 하겠다는 거야?"

수연이 화를 참지 못하고 소리를 높였다.

"나랑 결혼할 생각이면 경매 같은 건 하지 마. 알았어?"

"왜 경매가 안 되는데? 난 지금 너랑 같이 살 신혼집을 구하기 위해 이러고 있는 거야."

"경매는 야비해."

"야비하다고?"

경매가 야비하다니. 수연의 말에 홍 대리는 어이없다는 표정을 지었다. 그는 자기가 잘못 들었나 싶어 귀를 의심할 정도였다.

"경매하는 사람들은 모두 나쁜 사람들뿐이야. 오빠는 뉴스에서 못 봤어? 조직 폭력배들이 경매에 관여한다는 거."

"허……."

경택은 자신도 모르게 헛웃음이 터져 나왔다. 수연이 그동안 자신을 괴롭혔던 이유가 겨우 저런 것 때문이라는 사실에 화가 나려고 했다.

"정말 그것 때문에 그동안 이렇게 화를 낸 거야?"

그는 다그치듯 수연에게 물었다. 그녀는 아무 말 없이 홍 대리를 바라봤다. 한참 동안 말이 없던 수연이 길게 한숨을 내쉬며 말문을 열었다.

"우리 집도 경매를 당한 적 있어."

"뭐라고?"

"우리 집도 경매를 당한 적이 있다고!"

수연의 외침에 홍 대리는 깜짝 놀랐다. 그녀의 집이 경매를 당한 적이 있다니. 지금까지 사귀면서 처음 듣는 이야기였다.

"10살 때 아버지께서 사업을 하다가 집이 경매로 넘어간 적이 있어."

수연은 눈물을 글썽이며 말을 시작했다.

"그때부터 지옥 같은 생활이 시작됐어. 낯선 사람들이 빨간 딱지를 온 집 안에 붙이고, 부모님은 여기저기 돈 빌리러 다니고……."

"힘들면 말하지 마, 수연아."

홍 대리는 금방이라도 눈물을 흘릴 것 같은 수연이 안쓰러웠다.

"내가 제일 힘들었던 게 뭔지 알아? 집에서 강제로 쫓겨났을 때야. 우리 아빠가 방을 얻을 때까지 몇 달만 더 살게 해달라고 애원했는데도, 그 사람들은 우리를 강제로 쫓아냈어. 그때 얼마나 울었는지 몰라."

결국 수연의 눈에서 눈물이 떨어졌다. 홍 대리는 수연에게 다가가 힘껏 안아줬다. 그녀의 우는 모습을 보니 홍 대리의 마음이 착잡해졌다.

한참 동안 눈물을 흘리던 수연은 진정이 된 듯, 다시 말을 꺼냈다.

"오빠, 내가 이렇게까지 이야기했는데도 경매를 할 거야? 난 남의 눈에 피눈물 흘리게 하면서까지 내 집을 가지고 싶지 않아. 생각해봐. 멀쩡히 집에 살고 있는 사람을 강제로 쫓아내고 나보고 그 집에 들어가 살라고? 난 못해. 찝찝해서 그런 집에서 못 산다고."

수연이는 단호하게 말했다. 그녀의 이런 모습은 처음이었다.

"수연아, 그건 오해야."

"오해?"

"그래. 나한테 경매를 가르치는 야생화님은 그런 사람들과 달라."

"오빠가 어떻게 알아?"

"그분의 모토는 배려와 섬김이야. 그래서 경매를 하면서 지금까지 단 한 번도 강제집행을 하지 않았대."

"그걸 어떻게 믿어?"

수연의 말에 홍 대리는 더 이상 말을 잇지 못했다. 경매에 뿌리 깊은 불신이 있는 그녀에게 야생화의 경매수업에 대해 설명하는 것이 무의미하다고 생각했기 때문이다.

"주문하신 음식 나왔습니다."

웨이터가 조심스레 음식을 놓고 갔다. 수연은 계속 못마땅한 표정이었다. 홍 대리는 분위기가 더욱 가라앉는 것을 느꼈다.

"일단 밥부터 먹고 다시 이야기하자."

홍 대리가 애써 수연에게 말을 건네봤지만 그녀는 창밖으로 시선을 고정한 채 아무런 대꾸도 하지 않았다. 홍 대리도 그런 수연의 반응에 마음이 상해, 더 이상 말을 꺼내지 않고 혼자 밥을 먹기 시작했다.

"나 갈래."

수연은 그런 홍 대리의 모습을 힐끗 보더니, 자리에서 일어나 그대로 나가버렸다. 그녀의 표정을 보니 단단히 화가 난 것 같았다.

"수연아!"

출입문을 바라보던 홍 대리는 자신이 심했던 것 같아 뛰어가서 붙잡을까 싶었지만, 결국 그냥 자리에 앉아 있었다. 그도 선입견 때문에 자신의 뜻을 평가절하하는 수연에게 화가 났기 때문이다.

잠시 후, 홍 대리는 깊은 한숨과 함께 계산서를 들고 자리에서 일어났다.

Secret Note 홍 대리의 경매 노하우1

▶ 경매로 성공하려면 경매 진행 절차를 잘 이해해야 한다

경매를 통하여 자신의 소중한 꿈을 이루려면 먼저 경매 진행 절차를 이해하고, 절차에 따른 대처방법을 숙지해야만 한다. 그동안 많은 사람들이 경매를 통하여 낙찰받고 난 뒤, 진행 절차를 잘 몰라서 우왕좌왕하는 것을 많이 볼 수 있었다. 경매를 처음 시작하는 사람들은 대부분 낙찰만 받으면 다 끝나는 줄 알지만 경매는 진행 절차에 따라 많은 변수가 있으므로 순서를 잘 살펴보고 시간을 잘 활용하여 자신이 이루고자 하는 목표를 성취해야 할 것이다.

1. 신청 채권자 경매 신청 접수
채권자가 경매를 신청하기 위해서는 진행 절차 비용을 예납해야 하며, 이 예납금은 낙찰자가 잔금을 완납한 후 배당이 될 때 최우선으로 신청 채권자에게 배당한다.

2. 경매 개시 결정
채권자가 경매를 신청하면 법원에서는 등기소에 경매 개시 등기할 것을 촉탁하고, 경매가 진행되는 것에 대하여 채무자 및 소유자에게 개시 결정문을 송달한다.

3. 경매 준비 절차
경매를 진행하기 위해 법원에서는 집행관에게 현황 부동산에 대하여 조사를 의뢰하고 감정 평가사에게 감정을 의뢰한다. 또한 해당 부동산의 관청에 통보하여 압류에 따른 절차를 이행하도록 촉구한다.

4. 배당요구 종기일 지정
경매가 진행 중인 물건에 대하여 배당요구 종기일까지 이해관계인들에게 권리신고를 할 것을 송달을 통해 촉구한다.

5. 신문 공고
경매가 진행하는 날짜를 지정하고 신문지상과 법원 게시판에 공시한다(입찰 14일 전).

6. 입찰 실시
입찰서류를 작성하여 최저매각 금액 이상으로 입찰한 사람 중에 최고가 매수인을 지정하고, 만약 해당 물건에 아무도 입찰을 하지 않으면 유찰이 되어 다음 기일에 20퍼센트 또는 30퍼센트 저감하여 진행토록 한다.

7. 낙찰 허가 결정
입찰일 날 최고가 매수인이 신고가 되었으면 최고가 입찰자의 하자여부와 진행 절차상 문제를 파악하여 문제가 없다면 낙찰허가를 결정을 한다.

8. 잔금 기한 결정
낙찰을 받고 난 후 이해관계인(임차인, 채권자)들이 항고를 하지 않으면 잔금 기한을 결정한다.

9. 잔금 납부
잔금 납부 기한 안에 잔금을 납부하면 등기를 하지 않았어도 낙찰받은 부동산의 소유자로 소유권이 확정된다.

10. 배당
낙찰받은 물건에 대하여 채권자나 임차인에게 권리 순서에 의해 배당이 이뤄진다.

▶ 대법원 경매 사이트 보는 법

경매를 하려면 제일 먼저 대법원 법원경매정보 사이트 보는 법부터 배워야 한다. 검색 사이트에서 대법원 법원경매정보를 찾아 들어가거나 사이트 주소 http://www.courtauction.go.kr를 직접 입력해 들어가면 된다.
사이트는 다음과 같이 구성되어 있다.

1. 경매 공고
진행 중인 물건에 대한 일정이 아주 상세하게 나와 있다.

2. 경매 물건
자신이 찾고자 하는 물건은 이곳에 다 있다. 또한 종목별로, 지역별로 상세하게 나눠져 있으므로 아주 쉽게 경매 물건을 찾을 수 있다.

3. 매각 통계
연도별, 법원별, 지역별, 용도별 통계가 아주 상세히 나와 있다. 만약 입찰 예정 물건이 있다면 이곳을 활용하여 자신이 입찰하려 하는 물건에 대한 통계를 확인할 수 있는 매우 유용한 게시판이다.

4. 경매 지식
경매 진행 절차 해설 및 경매 용어, 입찰 안내, 주택·상가임대차 해설 등 초보자들에게 꼭 필요한 게시판으로 자주 방문해 경매에 대한 지식을 쌓는 것이 좋다.

▶ 유료정보 사이트 보는 법

경매는 아무나 할 수 있어도 돈은 아무나 벌 수 없다는 말이 있다. 또한 경매를 통하여 재태크에 성공하려면 경매 정보를 얼마나 잘 아느냐에 따라 성공여부를 가늠할 수 있기 때문에 될 수 있으면 유료정보 사이트에 가입해 자신이 입찰하려는 물건에 대한 정보를 최대한 습득하는 것이 좋다.
대부분 유료정보 사이트는 대법원경매 사이트에 나와 있는 자료를 일반인들이 쉽게 볼 수 있도록 자료를 정리해놓은 것이며, 유료정보 사이트 회사별로 자신만의 특성을 갖고 경쟁하고 있다.

1. 종합 검색
진행되는 경매 물건을 법원별, 용도별, 금액별 등 아주 상세히 볼 수 있다.

2. 특수물건 검색
경매 물건 중 특수물건을 볼 수 있는 곳으로 재매각사건, 토지별도등기, 유치권, 법정지상권, 분묘기지권 등 특별한 매각조건이 있는 물건을 검색할 수 있다.

3. 전자 지도
전국 지도가 모두 포함되어 있으며, 위성사진도 포함되어 있으므로 입찰하기 전 주변 지역의 사항을 아주 면밀히 살펴볼 수 있다.

4. 관심물건
경매 물건을 검색하고 관심물건으로 등록을 하면 이곳에 자료가 쌓인다. 그러므로 나중에 자신이 관심사건으로 등록한 물건의 진행여부를 파악하는 데 아주 유용하게 사용할 수 있다.

5. 일정별 검색
진행 중인 물건에 대한 일정이 월별로 자세히 나와 있고, 기일입찰, 기간입찰을 분류해 놓았다.

6. 낙찰 사례
자신이 입찰하려는 물건에 대한 인근지역이나 종목별로 세분화하여 결과를 파악할 수 있으며 낙찰가격 및 경쟁률도 파악할 수 있다.

7. 물건 현황
신건, 유찰, 낙찰, 취하, 변경 등 경매의 진행여부를 파악할 수 있으며 유찰을 클릭하면 유찰된 물건만 볼 수 있고, 낙찰을 클릭하면 낙찰된 물건만 볼 수 있다.

8. 물건 종류
아파트, 다세대, 토지, 임야, 공장, 오피스텔 등 물건 종류별로 파악할 수 있으며 복수 선택도 가능하다.

▶ 개별 매각 물건 정보 보는 법

1. 사건번호
만약 2014타경 25217이라면 2014년에 경매신청이 접수되었고 25217는 법원의 접수번호를 말한다.

2. 물건번호
사건번호에 물건번호가 있는 경우는 물건번호도 기재해야 한다.

3. 매각물건
부동산 중 토지와 건물이 일괄로 매각되는지 지분으로 매각이 되는지를 파악해야 한다.

4. 보증금
보통은 보증금이 최저매각금액의 10퍼센트지만 경우에 따라 20퍼센트, 30퍼센트인 경우도 있으니 꼭 확인해야 한다.

5. 감정가격
감정 평가사가 감정한 내용 중 건물, 토지 부분의 면적과 감정가격을 의미한다.

6. 현황평가
집행관이 조사·보고한 현황평가 보고서 내용이다.

7. 배당요구 종기
경매가 진행 중인 모든 사건은 배당요구 종기일을 고지한다. 만약에 배당요구 종기일까지 배당요구를 하지 않으면 배당이 나오지 않는다.

8. 임차인 현황
임차인이 권리 신고한 금액 및 대항력 여부를 알려준다.

9. 거래가액
실거래 가격으로 신고한 매매금액을 의미한다.

10. 강제경매
경매를 신청한 채권자의 부류 및 청구금액을 확인할 수 있다.

2장

부동산경매 성공의 99퍼센트는 임장에 달려 있다

안 가도 되는 98번의 임장을 통해 고수가 된다

그날 이후에도 수연과의 냉전은 계속되었다. 그녀의 마음은 이해가 갔지만 과거의 경험으로 경매하는 사람을 모두 나쁜 사람 취급하는 것은 동의하기 힘들었다. 평소 같으면 먼저 전화해서 수연이 원하는 대로 행동하며 마음을 풀어주려 했겠지만, 이번만큼은 그러고 싶지 않았다. 홍 대리는 신혼집을 마련하려고 애쓰는 자신을 몰라주는 그녀에게 화가 났다.

'트라우마는 극복하라고 있는 거야.'

보란 듯이 경매에 성공해서 집을 선물하면 수연이 어린 시절 입었던 마음의 상처도 극복될 것이라고 믿었다. 홍 대리는 심란한 마음을 안고 경매수업이 열리는 강의실로 들어섰다.

"안녕하세요, 경택 형님."

강의실에 막 들어온 홍 대리에게 조인구가 아는 척을 했다.

"그래, 잘 지냈어?"

조인구에게 인사를 한 홍 대리는 자리를 잡고 앉았다. 그러자 여기저기서 그를 향해 가벼운 목례를 했고, 홍 대리도 웃으며 인사를 했다.

"한 주간도 잘 지내셨나요? 자, 그럼 수업을 시작해봅시다. 오늘은 초보와 고수의 차이에 대해서 이야기해보도록 하죠. 여러분들이 생각하기에 경매 초보와 고수의 가장 큰 차이점은 뭘까요?"

"경매를 한 기간이요."

"경매를 한 횟수요."

2주째 수업이라 그런지 대답하는 사람들이 한층 많아졌다. 야생화도 만족스럽다는 듯이 웃으며 말을 이어나갔다.

"경매를 오래 한 사람이 고수다? 많이 해본 사람이 고수다? 그럴까요? 아무리 오래 경매를 해도, 또 많이 해도 고수가 되지 못하는 사람들이 있죠. 초보와 고수의 차이는 바로 철두철미한 임장에 있습니다."

강의가 본론으로 들어가는 것을 느낀 홍 대리는 자세를 바로잡으며 야생화에게 더욱 집중했다.

"고수들이 최소한 세 번은 가보는 임장을 초보들은 컴퓨터에 올라온 사진만 봅니다. 아니면 부동산 유리창에 붙여놓은 매물판 앞에서 조금 서성이다 오는 것으로 대신하는 경우가 많지요. 요새는 유료 경매정보 회사들이 초보들도 보기 편하도록 어찌나 잘해서 올리는지……. 여러분들도 아시잖아요?"

"그럼, 임장만 잘 다녀오면 반은 성공했다고 할 수 있겠네요. 호호호."

윤경선이 웃으면서 야생화의 말에 호응을 해주었다.

"그렇다고 할 수 있죠. 물론 임장을 가 봐도 '혹시나'가 '역시나'인 경우가 98퍼센트 이상입니다. 그러니 안 가도 되는 98번의 임장을 통해 고수가 된다고 해도 과언이 아닙니다. 초보들은 몇 번씩 유찰된 물건을 위주로 검색하는데, 고수들은 감정가부터 검색합니다. 초보들은 경매로 나온 물건을 제대로 분석하지 않고 입찰을 하는 경우가 있지만, 고수들은 절대 그렇지 않습니다. 고수들은 임장할 때 해당 물건에서 좀 떨어진 주변부터 천천히 살핀 다음 해당 물건을 보러갑니다. 그리고 포털 사이트의 지도가 아닌 자신만의 지도를 따로 가지고 있지요. 고수들은 해당 물건을 낙찰받지 못했더라도 그동안 자신이 모은 자료를 잘 정리해서 가지고 있습니다. 그 자료들이 모여서 바로 고수들의 지도가 되는 것이죠."

"그럼 선생님도 개인 지도가 있나요?"

"저보다는 제가 스승으로 모시고 있는 분의 이야길 좀 해드려야겠군요. 그분은 일단 임장에 들어가면 정말 세세한 것까지도 꼼꼼하게 다 기록을 해둡니다. 자료 스크랩은 물론이고, 자신이 보고 느낀 점들, 부동산 시세 등을 낱낱이 적어놓고 그것들을 모두 모아두었죠. 그래서 이젠 어떤 동네는 어디에 전봇대가 서 있는지, 가격대가 어느 정도인지 눈을 감고도 이야기할 정도입니다. 이

분 집에 가보면 이런 자료들이 방 하나를 가득 메웠고, 베란다에도 빼곡히 쌓여 있습니다. 그뿐인 줄 아십니까? 거실 벽면에는 벽지가 보이지 않을 정도로 경기도권, 서울권 지도가 커다랗게 붙어 있습니다. 최소한 이 정도는 돼야 고수라고 할 수 있죠."

"그렇게 큰 지도는 어디서 파나요?"

"하하하하."

공회전의 엉뚱한 질문에 수강생들이 웃었다.

"대형 서점에 가면 구할 수 있을 겁니다. 이 정도 고수가 되려면 또 필요한 게 있습니다. 그게 뭘까요?"

수강생들은 야생화를 바라볼 뿐 섣불리 대답을 하지 못했다. 조인구마저 아무런 말을 하지 못했다.

"그건 바로 사람입니다. 다양한 인맥들이 미치는 영향도 무시할 순 없죠. 솔직히 인맥의 중요성은 어느 분야든 적용되는 이야기입니다. 지금 자기 옆에 있는 사람도 언젠가 소중한 인맥으로 변할 수 있습니다. 이런 인맥들은 저절로 맺어지는 것이 아닙니다. 자신이 먼저 베풀고 다가가야 만들어지는 겁니다. 도움을 받을 생각만 하지 말고, 먼저 도움 줄 생각을 하셔야 합니다. 그리고 제가 가장 중요하게 생각하는 것이 바로 배려와 섬김입니다. 먼저 배려하고 먼저 섬기십시오. 그러면 내 주위에 나를 도와줄 사람들이 모이게 될 것입니다. 오늘 이 강의를 들으러 온 여러분들을 둘러보십시오. 지금 여러분이 곁에 계신 분들과 맺는 인맥이야말로 경매 고수로 가는 지름길이 됩니다."

야생화는 핏대를 올려가며 큰 소리로 이야기했다. 그러는 모습이 마치 어느 교회의 부흥 강사 같았다. 발도 구르고 손으로 칠판을 쳐가며 하는 열띤 강의를 듣다 보니, 홍 대리는 그가 조금은 걱정스러웠다.

'저렇게 큰 목소리로 매번 강의하면 목이 상할 텐데.'

홍 대리는 혼신을 다해 강의하는 야생화에게 점점 빠져들었다.

"이것으로 이번 주 강의를 마칩니다. 아, 다음 주에 임장 실습 있는 건 아시죠?"

"예!"

소지품을 챙기던 수강생들이 큰 소리로 대답했다.

"임장 실습 나가기 전에 임장에 대해서 몇 가지 알려드리려고 합니다."

야생화의 말에 수강생들은 다시 자리에 앉았다.

"자! 따라 해보세요. 임장에 목숨을 걸어라!"

"임장에 목숨을 걸어라!"

수강생들은 일제히 목청을 높여 야생화의 말을 복창했다.

"그만큼 임장이 중요하면서도 까다롭다는 이야기입니다. 저는 임장을 갈 때 차를 사용하지 않습니다. 차를 사용하더라도 선정한 물건에서 멀리 떨어진 곳에 주차해놓고 걸어서 갑니다. 왜 제가 사서 고생할까요. 제가 바보라서? 아니면 기름값 아끼려고?"

사람들이 야생화의 농담에 웃음을 터뜨렸다. 진지했던 분위기가 다시 부드러워졌다.

"물건을 보기 위해 간 임장을 차 안에서 보고만 오실 건가요? 최소한 한 블록 전부터는 걸으면서 천천히 살펴보셔야 합니다. 도로 사정이나 주차 상황, 사람들의 이동 코스나 생활환경에서 어떤 이점과 불편한 점이 있는지 등을 보려면 걸으면서 직접 느끼는 것이 가장 좋습니다."

"그런 것들을 한 번 걷는다고 다 볼 수 있나요?"

"제가 언제 한 번이라고 했습니까? 노력을 들이면 들일수록, 발품을 팔면 팔수록 그 물건은 자기 물건이 되는 겁니다. 시간대별로 날씨별로 집 주변은 변합니다. 그 변화를 알아차릴 수 있을 만큼 임장을 다녀봐야 합니다. 저는 3시 이후에 물건이 있는 동네에 아이들을 살피러 또 가곤 합니다. 전월세가 잘 빠지는 동네 아이들은 대체로 학교가 파하는 3시 이후면 꼭 군것질거리들을 물고 돌아다닙니다. 아이들 군것질 정도는 챙겨줄 수 있는 여유를 가진 집이 그만큼 많다는 뜻이죠. 그러한 곳이 매매도 잘 됩니다. 하지만 그렇지 못한 동네는 아이들이 보이지 않거나, 멍하니 골목길에 앉아 있기 십상이죠. 어느 동네가 더 좋은 동네인지 그것만 봐도 대강은 알게 됩니다."

야생화의 노련함에 감탄했는지 고개를 끄덕이는 수강생들이 보였다.

"그럼 이번에 가는 임장도 한 군데를 시간대별로 나눠서 가게 되나요?"

"하하하. 그렇진 않고요, 몇 군데를 정해서 돌아볼 겁니다. 물건을 보면서 임장할 때 체크해야 할 것들을 제가 알려드릴 겁니다. 시간 엄수해서 오세요. 임장의 중요성을 발로 뛰며 직접 체험해보길 바랍니다."

홍 대리는 임장이란 단어에 벌써부터 가슴이 두근거리기 시작했다. 자신이 이미 경매 세계에 들어간 것만 같은 기분이 들었다. 수강생들도 한껏 상기된 표정이었다. 임장이 어떻게 될지, 어떤 물건들을 보러 가게 될지 기대에 찬 얼굴들이었다.

"그날은 편한 복장에 편한 신발 신고 오십시오. 아셨죠?"

야생화가 힘든 시간이 될 거라고 이야기했지만 홍 대리의 기대는 쉽게 가라앉지 않았다. 집에 도착해서는 달력에 크게 표시를 해두었다.

투자가치를 알려면 노후도와 접도율을 보라

임장을 가는 토요일. 창밖으로 비가 주룩주룩 내리고 있었다. 아침 일찍 일어난 홍 대리는 그칠 줄 모르는 비를 보고 난감했다. 오늘 같은 날씨에도 임장을 갈 수 있는지 걱정이 됐다. 전화기를 봐도 임장이 취소됐다거나 연기됐다는 메시지는 없었다.

'그럼 그냥 하겠다는 건가. 이렇게 비가 많이 오는데.'

누구한테라도 전화를 해서 물어봐야 되는 건 아닌가 걱정스러웠다.

'오후에 친구들이나 만날까?'

홍 대리는 슬슬 게으름을 피우고 싶었다. 비도 오는데 하루 종일 돌아다녀야 한다는 사실이 달갑지 않았고, 수연과 계속 냉전 중이라 마음도 심란했다.

"아니야. 이대로 물러서면 사나이 자존심이 뭐가 돼. 아자! 힘내자!"

그는 힘껏 기합을 넣은 후 서둘러 나갈 준비를 했다. 더 이상 집에 머물러 있으면 정말 게으름을 피울 것 같았다. 덕분에 집합장소에 30분이나 일찍 도착했다.

"안녕하세요?"

홍 대리는 버스 옆에 서 있는 야생화를 발견하고는 꾸벅 인사를 했다.

"아, 네. 일찍 나오셨네요."

"네. 임장이 처음이라 긴장했나 봐요. 이렇게 비가 오는데 괜찮을까요?"

그런 그를 보고 야생화가 빙그레 웃음을 지었다.

"비가 오더라도 임장은 가야죠. 날씨에 따라 물건도 달리 보이거든요. 그래서 비가 와도, 눈이 와도, 바람이 불어도 임장은 갑니다. 얼른 버스 안으로 들어가세요. 옷 다 젖으시겠네. 들어가실 때 임장자료집 챙기시고요."

버스 안에는 십여 명 정도가 자료를 보며 앉아 있었다. 뒤로 가서 앉을까 하다가 홍 대리는 앞쪽에 자리를 잡았다. 기왕 온 김에 한 마디도 놓치지 말아야겠다고 다짐했다. 그는 비바람이 몰아치는 창밖을 보면서 불끈 두 주먹을 쥐었다.

"여기 자리 있어요?"

조인구였다. 홍 대리는 그를 반갑게 맞았다.

"아니. 앉아, 인구야."

사람들이 하나둘 버스 안으로 들어왔다. 차승미, 김현종, 서준태, 이정도 등 홍 대리의 스터디 모임 사람들은 거의 다 왔다. 하지만 신청했던 것만큼 사람들이 많이 오지는 않았다. 군데군데 빈자리들이 눈에 띄었다.

버스 안으로 들어온 야생화가 마이크를 들었다.

"이제 곧 임장 실습을 하러 버스가 떠날 겁니다. 시작하기 전에 여러분께 한 가지만 말씀드리고 싶습니다. 당초 신청했던 인원보다 적은 분들이 임장에 오셨는데, 솔직히 말씀드리면 오늘 안 오신 분들께 조금 실망했습니다. 물론 피치 못할 사정이 생겨 못 오신 분들도 계시겠지만, 대부분 날씨 때문에 오시지 않았을 거라 생각합니다. 하지만 그런 정신력 가지고는 아무런 일도 해내지 못할 것입니다. 임장이란 좋은 날 자기 편한 시간대에 한 번 갔다 오는 것이 아닙니다. 지난번 강의 때 말씀드렸듯이 시간대별로, 날씨별로 가봐야 그 물건의 진가를 알 수 있습니다. 또 그만큼 성의를 들여야 내 물건이 되기도 하고요."

홍 대리는 야생화의 말에 힐끔 뒤를 돌아보고는 아침에 게으름 피우지 않은 것이 다행이라고 생각했다.

"정말 좋은 물건이 나왔다고 상상해보세요. 이 물건을 꼭 손에 넣어야겠는데 비가 온다고 눈이 온다고 입찰장에 안 갑니까? 차가 막혀서 옴짝달싹 못해도 어떻게든 입찰장에 도착하는 사람들이 있습니다. 그런 사람들이 성공하지요. 안 그렇겠습니까? 더 하면 잔소리가 될 거 같으니까 이만 하겠습니다. 흠흠. 오늘 안 온 사람들 후회할 정도로 우리 열심히 임장합시다!"

"네!"

홍 대리를 포함해 임장에 참석한 사람들이 큰 소리로 대답했다.

드디어 버스가 출발했다. 흔들리는 버스 안에서 야생화는 임장할 물건에 대해 설명하기 시작했다.

"처음 가볼 곳은 ○○동입니다. 여긴 최근 뉴타운 지역으로 선정된 곳이죠. 여기에서는 투자가치에 대해 알아볼 것입니다. 투자가치를 알아보려면 우선 건물의 노후도와 접도율을 신경 써서 봐야 합니다."

여기저기서 자료 넘기는 소리가 경쾌하게 들렸다. 홍 대리는 수첩을 꺼내 야생화의 말을 받아 적기 시작했다.

"먼저 노후도에 대해서 이야기해보죠. 건물의 특징은 시기별로 조금씩 다릅니다. 빌라만 놓고 보자면 80년대 초반까지는 층수를 2층으로 제한했고, 후반에는 3층까지 허가가 났습니다. 때문에 2층짜리 기와지붕으로 된 빌라는 80년대 초반, 3층짜리 기와지붕 빌라는 80년대 후반에 지어진 건물이라 할 수 있습니다. 그리고 90년대 초반부터 4층짜리 빌라들이 나타납니다. 어떤 지역에 80년대 건물이 다수라면, 재건축 지역으로 선정될 가능성이 높겠죠?"

"야생화님, 질문이 있는데요. 2, 3층짜리 건물이지만 기와지붕이 아니라면 80년대 건물이 아니라고 봐도 되나요?"

서준태가 야생화에게 물었다.

"꼭 아니라고는 할 수 없죠. 자비를 들여 새롭게 건축한 경우도 간혹 있습니다. 그런 경우는 재건축할 때 대개 건물주가 동의를 하지 않아요. 그렇지 않겠습니까? 그리고 해당 지역에 신축 건물이 많으면 전체적으로 노후도가 잘 맞지 않아서 재건축 지역으로 선정되기가 어렵죠."

홍 대리는 야생화의 이야기를 하나라도 놓칠세라 바쁘게 적고 있었다. 그런 그를 보며 조인구가 말했다.

"오늘 돌아다니면서 하루 종일 그런 건물들만 볼걸요. 굳이 적지 않아도 저절로 외우게 되더라고요."

"그래도 혹시 모르니까 잘 적어놨다가 두고두고 봐야지."

그때 야생화가 수강생들에게 질문을 던졌다.

"음, 접도율에 대해 아시는 분 계세요?"

"4미터 이상 도로에 접한 주택의 비율이요!"

조인구가 큰 소리로 대답했다.

"네, 맞습니다. 너비가 4미터 이상인 도로에 얼마나 많은 집들이 접해 있는가를 나타낸 게 바로 접도율입니다. 접도율이 높을수록 4미터 이상 도로에 접한 집이 많다는 뜻이죠. 반대로 접도율이 낮을수록 좁은 골목길이 많은 동네라는 뜻이고, 그만큼 낙후된 동네일 가능성이 크죠. 따라서 재개발 지역으로 지정될 가능성도 그만큼 커지는 것이죠. 즉 도로 조건은 좋지만 노후한 건물이 많으면 재건축을 하게 되고, 도로 조건도 좋지 않고 노후한 건물도 많으면 재개발이 될 확률이 높습니다. 그럼 이제 나가 보실까요?"

어느덧 버스는 첫 번째 물건이 있는 동네에 도착했다. 사람들이 하나둘 자료를 챙겨서 일어났다.

"제가 나누어 드린 자료는 일체 놓고 내립니다."

내리려던 사람들이 엉거주춤한 자세로 야생화를 바라봤다.

"생각해보세요. 자기가 살고 있는 집 앞에서 집값이 얼마니, 가치가 어떠니 이야기하면 반기는 사람이 누가 있겠습니까. 그 집에 사는 사람뿐만 아니라 동네 주민들도 달가워하지 않을 겁니다. 그분들께 피해가 가지 않도록 조용하고 신속하게 움직일 겁니다. 그리고 다시 버스로 돌아와서 제가 보충할 부분은 보충하고 질문도 받을 테니, 바깥에 나가서는 절대 그런 이야기 하지 마세요. 아셨죠?"

"예!"

"자, 그럼 내립시다."

밖에는 여전히 비가 내리고 있었다. 조만간 공사가 시작되려는지 엑스 자로 빈집 표시가 된 집들이 많았다. 사람들은 우산을 들고 질척거리는 땅을 밟으며 바삐 움직였다. 홍 대리도 사람들을 앞지르며 야생화 곁으로 바짝 붙었다. 야생화가 바짝 쫓아오는 그를 보고 넌지시 물었다.

"그때 신혼집을 마련한다고 했었죠?"

"네? 아, 맞습니다."

홍 대리는 야생화가 자신을 아는 척해주자 너무나 반갑고 고마웠다.

"경매 공부 열심히 하셔야겠네요."

"네, 그래서 열심히 하고 있습니다."

홍 대리가 자신만만하게 대답했다.

"저기 저 건물은 몇 년도 건물인 것처럼 보이나요?"

야생화가 가리킨 건물은 3층짜리 건물이었는데 기와지붕이었다. 홍 대리는 미간을 찌푸리며 그 건물을 유심히 바라봤다.

"음…… 3층짜리에 기와지붕이니까, 80년대 후반 아닌가요?"

홍 대리는 조심스럽게 야생화를 바라봤다.

"네, 맞습니다. 그럼 저건요?"

"음…… 지은 지 얼마 안 된 건물 같아 보이는데요?"

홍 대리가 신이 나서 말했다. 대답을 들은 야생화가 갑자기 뒤를 돌아 사람들에게 물었다.

"저 건물은 언제 지은 건물일까요?"

야생화의 갑작스런 질문에 사람들은 걸음을 멈추고 건물을 자세히 바라보았다. 1층짜리에 기와지붕이었지만 방범창과 벽돌, 기와도 모두 새것이어서 가늠하기가 더 어려웠다. 사람들은 고개를 갸웃거릴 뿐 선뜻 대답하는 이가 없었다.

"겉이 아무리 새것 같아도 1층에 기와로 된 지붕이면 대개 70년대 후반일 가능성이 높죠. 요즘 건물을 짓는데 누가 이렇게 1층짜리로 짓겠습니까? 너도나도 높이 지어서 세놓으려고 하지. 저 건물은 집주인이 살기 편하도록 완전히 개축한 것입니다."

 어느새 사람들이 옹기종기 모여들었다. 개중에는 건물 옆으로 가서 꼼꼼히 살펴보는 이도 있었다. 홍 대리도 건물을 살펴보고 있는데 저쪽에서 건물 사진을 찍고 있는 차승미가 보였다. 한쪽 어깨에 우산을 걸치고서 사진을 찍느라 반대쪽 어깨는 고스란히 비를 맞고 있었다. 홍 대리는 차승미에게 다가가 우산을 씌워주었다.

 "아, 고마워요."
 "이렇게 사진을 찍어 가면 공부할 때 훨씬 편하겠네요. 날이 맑았으면 더 좋았을 텐데요."
 "그럼 더워서 돌아다니기가 더 힘들었을지도 몰라요. 비가 좀 덜 왔으면 좋으련만. 그래도 해가 내리쬐는 날보다는 걷기가 수월하죠. 덜 지치고."
 "그렇겠군요."
 그때 저만치서 야생화의 목소리가 들렸다.
 "아직 허물지 않은 건물들을 대충 살피면서 오셨습니까? 건물들의 노후도를 살펴보는 게 어떤 건지 아셨죠? 이런 지역의 건물들은 싼 가격에 경매로 나오는 것이 많습니다. 왜냐하면 감정평가사도 감정을 할 때 노후도를 따지거든요. 그러다보니 건물의 감정평가금액도 저렴하게 평가됩니다. 만약 감정평가금액이 일반 시세보다 많이 싸다면 입찰을 고려해봐도 되겠죠? 노후도와 접도율이 그래서 중요한 겁니다. 자, 이제 이동합시다."

홍 대리는 야생화의 곁으로 가기 위해 빠른 속도로 걸었다. 하지만 사람들이 많이 모여들어 아까처럼 다가가기가 쉽지 않았다.

"휴, 힘에 부치는군."

어느새 김현종이 다가와 말했다. 홍 대리가 보기에도 그는 많이 지쳐 보였다. 나이가 있어서 그런지 계속 걷는 입장이 힘든 기색이었다.

"괜찮으세요?"

"나이가 있어서 그런지 따라가기가 많이 버겁네, 휴……."

"그럼 좀 천천히 걸으세요. 안색이 많이 안 좋아 보여요."

홍 대리가 걱정스레 말했다.

"어디 그럴 수 있나. 수업은 들어야지."

"여기서 뭐하세요? 어머, 안색이 왜 이렇게 안 좋으세요?"

어느새 차승미까지 합세해 김현종의 몸 상태를 걱정했다.

"너무 걱정하지 마시고 천천히 오세요. 제가 선생님 말씀하신 것들 동영상으로 찍어놨거든요. 그거랑 건물 사진이랑 다 메일로 보내드릴게요."

"승미 씨가 어렵게 찍은 것들을 그렇게 쉽게 받을 수가 있나."

"에이, 뭐 어때요. 어차피 다 같이 공부하는 건데요. 길도 미끄러워서 자칫하다가는 넘어지세요. 그럼 저는 얼른 가서 사진 찍어놓을게요."

"젊은 사람들한테 신세 지는구먼."

"별말씀을요. 저도 노트 필기한 거 정리되면 보여드릴게요. 그럼 저도 먼저 가보겠습니다. 천천히 오세요."

저만치 뛰어가는 차승미를 따라 홍 대리도 빠른 걸음으로 앞서 나갔다.

등기부등본과 현황은 다르다

　버스는 다음 장소로 출발했다. 홍 대리는 사람들과 정보를 나누면서 공부할 수 있다는 사실이 좋았다. 그 자리에서 선뜻 자신의 자료를 나눠주겠다는 차승미와 함께 공부할 수 있다는 것이, 그리고 자신이 필기한 것을 누군가한테 나눠줄 수 있다는 것이 얼마나 감사한 일인가를 새삼 깨달았기 때문이다.

　"자, 지금 △△동에 다 왔는데요. 여기서 보셔야 할 것은 등기부등본과 현황의 차이입니다. 나눠드린 자료 5쪽을 보시면 나와 있습니다. 다 제쳐두고, 첫 번째 물건이 지하 1층으로 나와 있죠?"

　홍 대리는 야생화의 말에 따라 그 부분을 확인했다.

　"그리고 두 번째 물건은 4층 중 2층으로 나오고요. 등기부등본상에는 그렇게 나오죠. 임차인도 없고 권리분석도 두 물건 다

깨끗합니다. 초보자들이 좋아할 만한 물건이죠. 명도나 다른 문제로 크게 신경 쓰지 않아도 되니까요. 그렇다고 임장을 안 가도 될까요?"

"아니요!"

사람들은 이제 야생화가 말하려는 요점을 알고 있는 듯했다.

"네, 맞습니다. 권리분석도 중요하지만 임장이 가장 중요하다고 할 수 있습니다. 등기부등본과 현황이 다른 경우가 종종 있기 때문입니다. 자, 다 왔으니 내리시죠."

아까보단 빗줄기가 많이 약해져 있었다. 홍 대리 옆으로 조인구가 바짝 붙으며 말했다.

"분명 지하 1층은 지상층처럼 보이고, 2층 물건은 지하층처럼 보일 거예요. 예전에 이런 건물들 부모님 따라다니면서 봤거든요. 산동네나 건물들이 밀집한 지역에 가보면 정말 깜짝 놀랄 만한 건물들이 많아요. 어떻게 이게 지하층인가 싶은 건물들이 있다니까요."

조인구의 말을 들으면서도 홍 대리는 전혀 감이 잡히지 않았다.

'지하층인데 어떻게 지상층으로 보일 수가 있는 거지?'

한 건물 옆쪽으로 사람들이 하나둘 모여들고 있었다. 홍 대리는 맨 앞쪽으로 가 자리를 잡았다. 옆으로 사진 촬영을 하는 차승미도 보였다.

"자, 이 물건 좀 보시죠. 이게 지하층입니까?"

홍 대리는 고개를 내밀어 건물을 살폈다. 내려가는 계단이 없었다. 건물 입구로 들어가자마자 위치한 현관문이 보였다. 지대가 높은 곳에 위치한 집인데 지하 101호는 꼭 1층처럼 되어 있었고, 지하 102호만 뒤쪽이 조금 지하에 포함되었다.

"이쪽으로 올라가 볼까요?"

사람들이 야생화를 따라 우르르 올라가기 시작했다.

"자, 이 물건 좀 보시죠. 이건 지상층입니까?"

이번에는 등기부등본에 2층이라고 되어 있는 물건이 계단을 내려가는 지하였다. 야생화를 따라 비탈길로 내려갔더니 그 건물이 다시 보였고 건물 입구가 하나 더 있었다.

"어, 저게 뭐야?"

"등기부등본상으로는 저 입구가 정문인 셈이죠. 이 입구로 들어가면 아까 그 집이 2층이 되죠. 올라가는 계단이 있으니까요. 그런데 이 집이 과연 2층이라고 할 수 있을까요?"

홍 대리는 건물 주변을 빙글 돌아 살펴보았다. 이 건물에는 두 개의 도로가 접해 있었다. 2미터 도로로 보이는 들어가는 입구에서는 2층이지만, 6미터 도로에 마주한 입구를 통해 들어가면 지하층이 되는 것이다. 그제야 조인구가 했던 말이 무슨 뜻인지 알게 되었다. 그리고 등기부등본과 현황이 다를 수 있다는 사실도 이해가 되었다.

"보니까 어때요?"

언덕길을 내려가는데 야생화가 홍 대리에게 넌지시 물었다.

"현황과 등기부등본이 이렇게 다를 수 있다는 사실에 깜짝 놀랐습니다. 임장은 정말 몇 번이고 해봐야겠어요."

"그렇죠. 그래서 임장이 중요한 거예요. 저는 특별히 '여리고 임장'이라고도 부릅니다."

"여리고 임장이요?"

"네. 성경에 나오는 이야기 중 하나입니다. 예루살렘 사람들이 절대로 함락할 수 없었던 여리고 성벽을 하루에 한 번씩 일주일을 돌아 무너뜨렸다는 이야기입니다. 임장도 마찬가지라고 할 수 있죠. 하루에 한 번씩 일주일 동안 발품을 팔아 노력하면, 그 물건은 자신의 것이 됩니다. 뭐든 쉽게 얻어지는 것은 없습니다. 절대로."

"일곱 번이나요?"

"아무리 그 자리에 가만히 있는 건물이라지만 오전과 저녁때가 모두 다르죠. 이동하는 인구, 통행하는 차량 등 모든 것들이요. 와서 보면 볼수록 그 건물의 가치를 알 수 있습니다."

홍 대리는 말없이 고개를 끄덕였다. 야생화가 그의 어깨를 두드리며 말했다.

"자, 기운내서 남은 물건도 열심히 배워봅시다. 그래야 하루 빨리 신혼집을 구하시죠. 음, 죄송한데 성함이랑 아이디가 어떻게 된다고 하셨죠? 제가 아직 다 기억을 못해서요."

"네. 제 이름은 홍경택이고요, 아이디는 홍 대리입니다. 정말 열심히 배워서 꼭 신혼집을 장만하겠습니다!"

"하하, 패기가 좋군요. 자, 다음 장소로 이동해봅시다."

버스가 마지막 임장 지역에 도착했다. 모두들 내려서 걸어가는데, 홍 대리는 김현종이 걱정되어 뒤쪽을 살펴보았다. 다행히 낙오되지 않고 따라오는 모습이 보였다. 그때 조인구가 곁으로 다가왔다.

"여기서 뭐 하세요?"

"응, 아무것도 아냐."

"형님도 보셨어요? 완전 재수 없죠? 꼭 저렇게 티를 낸다니까요."

"뭐가?"

"저기 저 서준태란 사람 말이에요. 저 사람 보고 계셨던 거 아니에요? 자기가 준비해온 자룐가 뭔가를 들고 와서 뒤적거리잖아요. 야생화님이 가지고 내리지 말라고 그렇게 얘길 했는데. 진짜 마음에 안 드네요."

홍 대리가 뒤를 돌아보니 조인구의 말대로 서준태는 어떤 자료를 살펴보고 있었다. 두께가 두툼한 게 야생화가 나눠준 자료는 아닌 것 같았다. 홍 대리는 저게 무슨 자료일까 궁금했지만 상관없다는 듯 다시 앞서 걸어나갔다. 조인구는 그런 홍 대리를 따라가느라 발걸음을 빨리 했다. 비는 서서히 그쳐가고 있었다.

"자, 이쪽으로 모이시죠. 지금 보실 건 공실인지 아닌지 확인할 수 있는 방법에 대한 겁니다. 가장 간단하면서 확실한 방법은 바로 우편함을 확인하는 겁니다."

모두의 시선이 야생화의 손가락이 가리키는 곳으로 모아졌다. 온갖 우편물이 수북이 쌓인 우편함이 보였다. 사람들은 저마다 사진을 찍거나 필기를 하고 있었다.

"조금 더 안으로 들어가 볼까요?"

사람들 수에 비해 상대적으로 작은 입구로 천천히 들어갔다.

"저 아래 대리석이 보이시나요? 대리석 바닥 색이 새카맣게 변했죠?"

야생화가 지하 바닥을 가리키며 이야기했다. 그의 말대로 대리석 바닥은 새카맣게 변색되어 있었다.

"대리석이 이렇게 새카맣게 변한 것은 바닥에서 물이 올라오고 있다는 증거입니다. 저기 대문도 좀 보세요."

야생화가 이번에는 지하 대문을 가리켰다. 홍 대리는 대문을 뚫어지게 바라봤다.

"대문이 많이 낡았는데요."

"잘 보셨네요. 아래 경첩 있는 부분에 녹이 슬어 있는 것 보이시죠? 물이 올라오는 증거입니다."

"그렇군요."

사람들은 야생화의 말에 고개를 끄덕였다.

"어떤 지하 집은 현관문 바닥에 발린 석회석이 허옇게 올라오는 경우도 있습니다. 이런 현상도 지하에 물이 차올랐을 때 생기는 것입니다. 이런 부분을 꼼꼼히 살펴보셔야 나중에 손해를 안 봅니다. 또 이런 흔적들은 건물의 노후도를 이야기해주기도 합니다. 아무래도 근래에 지어진 건물들에는 이런 흔적들이 잘 남아 있지 않을 테니까요. 이런 점도 염두에 두셔야 합니다."

홍 대리는 바로 앞에서 야생화의 손이 가리키는 구석구석을 유심히 살펴보고 기록했다.

"아야!"

사진 찍기에 여념이 없던 차승미가 뒤에 서 있던 이정도를 미처 보지 못하고 발을 밟고 말았다.

"죄송합니다. 제가 못 봤어요. 괜찮으세요?"

"네네, 괜찮습니다."

이정도가 손사래를 치며 그녀에게 대답했다.

"자자, 다들 조심해서 밖으로 나갑시다. 좁은 건물이라 다칠 수도 있어요."

야생화가 말했다. 가장 바깥쪽에 서 있던 사람들부터 천천히 건물 밖으로 나갔다. 모두 건물 밖으로 나오자 야생화가 사람들을 건물 옆쪽으로 인도했다.

"여기 보시면 공실인지 아닌지 확인할 수 있는 방법이 또 있습니다. 저기 벽 보이시죠?"

"어? 전기계량기가 없네."

"누가 전기계량기를 떼어갔어요."

"오랫동안 전기세를 내지 않으면 이렇게 한전에서 직접 나와 계량기를 떼어갑니다. 그 말은 곧 오랜 기간 공실이었다는 이야기겠죠."

사람들은 빈 계량기 자리를 보고 놀라워했다. 필기를 마친 홍 대리가 뒤를 도는데 서준태가 뭔가를 적고 있는 것이 보였다. 슬쩍 옆으로 다가가 보려 했으나 서준태는 자료를 덮으며 성큼 걸어 나갔다. 홍 대리는 괜히 무안해져 머리를 긁적였다.

"오늘 고생들 많으셨습니다. 자, 다 같이 건배합시다."
"건배!"
임장을 마치고 뒤풀이 장소에 간 사람들은 갈증이 났던지 다들 맥주 한 컵씩을 가뿐하게 비웠다.
"임장이 이렇게 힘든 건지 몰랐어요, 휴……."
이정도가 안경을 고쳐 쓰며 말했다.
"아직 젊은 사람이 벌써 그러면 쓰나. 나야 나이가 들어 그렇다 치고, 허허."
김현종이 이정도에게 핀잔 아닌 핀잔을 주었다.
"그러게요. 앞으론 운동 좀 해야겠어요. 따라다니기도 벅차서 들은 게 별로 없어요."
"그럼 오늘 제가 적은 것 정리해서 현종 형님께 드릴 때 같이 드릴게요. 승미 씨, 오늘 찍은 사진 좀 보내주실래요? 보낼 때 같이 보내게요."
홍 대리가 차승미를 보며 정겹게 말했다.
"네, 그럴게요. 아, 그리고 인구야. 우리 스터디하기로 한 사람이 누구누구지? 아예 그 사람들끼리 공유하는 게 나을 것 같은데."

"그럼 모바일 커뮤니티에다가 우리 스터디 모임을 만드는 게 어때요?"

"그래, 그거 좋은 생각이다!"

홍 대리는 신이 나서 말했다.

"같이 스터디하기로 한 분들은 승미 누나랑, 경택 형님, 현종 아저씨, 경선 누님, 정도 아저씨, 준태 형님, 회전 형님, 그리고 저, 이렇게 8명이에요."

"그러고 보니 준태 씨가 안 보이네요."

홍 대리가 자리를 둘러보며 말했다.

"아까 임장 끝나자마자 혼자서 가던데……."

"하여튼 이래저래 맘에 안 든다니까요!"

조인구가 입을 삐죽거리며 말했다. 차승미가 그런 조인구를 향해 진정하라는 듯 말을 건넸다.

"무슨 일이 있으셨겠지. 자, 안 온 사람은 안 온 사람이고, 우리끼리 즐겁게 마시자고요. 짠 한 번해요, 우리."

"건배!"

맥주잔 부딪치는 소리가 경쾌했다. 홍 대리는 모처럼 기분 좋게 술을 마셨다. 같은 뜻을 가진 사람과 이야기하면서 마신 술이라 그런지 취하는지도 모를 정도였다.

"홍 대리님, 이제 일어나보세요. 집이 어디에요? 여기 신촌인데, 어디로 가야 되는지 말해줘야 갈 수 있어요."

차승미가 경택을 흔들어 깨웠다. 경택은 부스스한 얼굴로 고개를 들었다. 그는 몇 번 두리번거리더니 먼저 택시에서 내렸다. 차승미가 놀라 뒤따라 내리려는데 경택이 그녀를 가로막으며 말했다.

"승미 씨, 전 괜찮습니다. 잠깐 들를 데가 있어서 그러니까 먼저 가세요. 오늘 신세 많이 졌습니다. 안녕히 가세요. 아저씨, 출발하셔도 돼요."

놀란 얼굴을 한 차승미를 싣고 택시는 그대로 출발해버렸다.

집까지 가려면 아직 한참이나 더 가야 했지만 경택은 조금 걷고 싶었다. 그는 집 쪽으로 걸어가면서 수연에게 전화를 걸었다.

"여보세요."

"나야."

수연은 자다가 깼는지 목소리가 잠겨 있었다.

"수연아, 내가 너 사랑하는 거 알지?"

"오빠, 술 마셨어?"

"응, 조금."

"아직도 경매 공부해?"

"어? 응……."

홍 대리는 그녀의 말에 기어 들어가는 목소리로 대답했다.

"실망이야."

"실망이라니? 내가 누구 때문에 경매 공부를 하는데!"

수연의 말에 그는 자신도 모르게 소리를 질렀다.

"설마 나 때문이라고 말하려는 건 아니겠지?"

그녀의 말에 홍 대리는 자신의 귀를 의심했다. 수연이 저런 말을 하다니. 뭔가 일이 잘못되고 있다는 생각이 들었다.

"난 분명 경매가 싫다고 말했어. 난 내 의견을 무시하고 자기 생각만 고집하는 오빠와 결혼하는 게 맞는 건지 의심스러워."

"수연아!"

"한 달 시간을 줄 테니까 결정해. 나인지 경매인지."

수연은 이 말만 남긴 채 전화를 끊어버렸다.

"야! 수연아!"

홍 대리가 다시 전화를 걸었지만 그녀의 전화기는 꺼져 있었다.

'시간이 지나면 화가 풀릴 줄 알았는데, 이건 갈수록 더 심해지잖아. 이러다 정말 큰일 나겠는데……'

그는 이러다 진짜 결혼이 깨지는 것은 아닌지 걱정되기 시작했다.

낙찰가 2000만 원의 차이

'다음 달 안으로 반드시 성공해야 돼.'

홍 대리가 생각하기에 지금 수연의 화를 풀어줄 방법은 멋지게 경매에 성공하는 것밖에 없었다. 그래서 그는 며칠 동안 잠도 제대로 못 자고 경매정보 사이트에서 경매 물건을 찾아 헤맸다.

'이거야!'

홍 대리 눈에 들어온 물건은 1억 2000만 원짜리 빌라였다. 2회 유찰로 7680만 원까지 떨어져 있어 도전해볼 만하다고 생각했다. 그는 그 물건과 관련된 자료를 꼼꼼히 읽어보았다. 자기가 직접 경매를 시작한다고 생각하니 묘하게 흥분되었다.

'진정하자, 진정해.'

자신의 전 재산과 결혼 문제가 걸린 경매를 앞두고 흥분은 금물이었다.

'이제 임장을 가봐야지.'

야생화는 몇 번이고 임장에 목숨을 걸어야만 경매에 성공할 수 있다고 했다. 생각이 여기에 미치자 마음은 더 급해졌다. 입찰일까지는 겨우 일주일이 남았다. 그 전에 임장을 가서 물건을 꼼꼼히 따져봐야 했다.

홍 대리는 아껴놓은 연차까지 써가면서 경매 물건이 있는 동네로 갔다. 홍 대리는 경매 물건에서 한 정거장 떨어진 버스정류장에서 내려 천천히 걷기 시작했다.

'여기에 대형 마트가 있네.'

동네는 허름했지만 대형 마트가 들어와 있었다.

'차가 없어도 충분히 장을 볼 수 있겠는 걸.'

홍 대리는 신혼부부가 살기에 적당한 동네라는 생각을 하면서 해당 물건이 있는 빌라로 발걸음을 옮겼다.

'대, 대박이다!'

집 앞에 도착한 홍 대리는 쾌재를 불렀다. 빌라는 대리석으로 지은 것으로 주차장도 크고 좋았다.

'됐어! 이건 나를 위해 신이 준비한 선물이야.'

홍 대리는 자신의 꿈이 눈앞에서 실현되는 것 같은 착각이 들

정도로 흥분됐다. 그는 부푼 가슴을 안고 주변에 있는 부동산 업체를 찾았다. 사무실 안에는 주인이 손님과 뭔가를 열심히 상담하고 있었다.

'어떻게 물어보지? 내가 경매 물건 시세를 알아보러 왔다고 하면 좋아하지 않을 텐데.'

홍 대리는 선뜻 문을 열고 들어갈 용기가 나지 않았다. 임장 실습까지 다녀와서 임장의 중요성을 알고 있었지만, 현실에서 맞부딪치니 또 달랐다. 망설이던 홍 대리는 부동산 유리창에 붙어 있는 매물 현황판을 살펴보았다. 다양한 물건의 가격이 적혀 있었다.

홍 대리는 자신이 입찰할 물건과 비슷한 물건의 가격만 적고서는 버스정류장으로 향했다.

드디어 결전의 날이 밝아왔다.

"저…… 과장님, 외근 좀 다녀오겠습니다. 점심식사 하고 2시 경에는 들어올 것 같습니다."

"그래, 빨리 다녀오도록 해."

홍 대리는 또 연차를 쓸 수가 없어서 잠깐 외근을 간다고 이야기하고 법원에 다녀오기로 했다. 없는 시간을 쪼개서 도전하는 만큼 꼭 성공하고 싶었다.

'단 한 번에 해내는 거야! 할 수 있다, 홍경택!'

홍 대리 눈에 법원 건물이 들어왔다. 생각했던 만큼 거대해 보이거나 압도당할 만큼의 엄청난 기운이 느껴지는 것은 아니었다. 다행이다 싶었지만 그래도 떨리는 마음은 어쩔 수가 없었다.

평일인데도 법원 건물로 들어가는 차량이 의외로 많았다. 건물 안으로 들어서니 사람들은 저마다 자료나 봉투 따위를 들고 있었다. 홍 대리는 사람들에게 신경을 안 쓰려고 했지만 자꾸만 신경이 쓰였다.

'저 사람은 어떤 물건을 낙찰받으려고 온 걸까? 혹시 나랑 같은 물건인가?'

홍 대리는 두리번거리지 않으려고 애썼지만 이런저런 생각에 고개가 자꾸만 이쪽저쪽으로 움직였다.

"초보자들은 다 티가 나요. 일단 두리번거리게 돼 있다니까. 남의 물건에 신경 쓰지 마세요. 자기 물건에 집중해야 합니다. 거기 있는 모든 사람이 자신의 물건을 쓸 거란 착각도 버려야 해요. 그러다가 욕심이 생겨서 낙찰가격을 올리는 실수를 하게 되는 겁니다."

퍼뜩 야생화의 말이 떠올랐다. 홍 대리는 고개를 세차게 흔들며 집중하려고 애썼다. 그는 일단 눈에 보이는 아무 의자에 가서 앉았다. 마음을 추스르는 것이 급선무였다. 천천히 숨을 들이마셨다. 그때 주머니에서 진동이 울려 전화를 꺼내 보았다. 회사였다.

"여기서 전화 받으시면 안 됩니다!"

홍 대리는 깜짝 놀라 소리 나는 쪽을 바라보았다. 법원 관계자로 보이는 남자가 화가 난 듯 허리에 손을 짚고 홍 대리 쪽을 바라보고 있었다. 그의 옆에 앉아 있던 사람이 휴대전화를 들고 입찰장 밖으로 나갔다. 홍 대리 역시 전화를 다시 주머니 속에 넣었다.

"여기서는 음식물 반입이 되지 않습니다. 나가서 드세요!"

방금 전 그 남자가 다시 소리쳤다. 이번에도 깜짝 놀란 홍 대리는 황급히 뛰어나가는 아주머니를 물끄러미 바라보았다.

'내가 지금 이럴 때가 아니지. 후, 진정해야 돼.'

간신히 마음을 추스른 홍 대리는 자리에서 일어나 입찰표 적는 곳으로 갔다. 한쪽으로는 매각물건명세서를 보기 위해 사람들이 길게 줄을 서 있었다. 그는 한 번 더 확인해볼까 했지만 괜히 마음만 더 심란할 것 같아 포기했다. 그러고는 입찰표를 꺼내 적기 시작했다.

"한 사건에 입찰 물건이 여러 개 있을 수도 있어요. 예를 들어 한 오피스텔에서 여러 개 호수가 나온 경우, 만약 그 물건들이 개별적으로 입찰에 부쳐졌을 때는 사건번호 외에 물건번호도 기재해야 됩니다. 안 그러면 낙찰받아도 무효가 돼버려요. 아셨죠? 또 긴장해서 입찰가격이랑 보증금액을 바꿔 쓰는 사람들도 있어요. 그럼 어떻게 되죠? 그간 고생해서 겨우 얻은 물건을 그냥 날려버리는 거예요. 꼭 확인해보고 쓰셔야 해요. 또 이런 사람도 있어요. 입찰 금액에 '0' 하나를 더 써내는 사람! 이거 나중에 입찰보증금 날리게 되는데, 누가 책임질 거야? 결국 자신이라니까요."

야생화의 강의 내용이 홍 대리의 머릿속을 맴돌았다. 그는 사건번호를 다시 확인해보았다. 그리고 입찰가격과 보증금액도 확인했다.

'휴, 제대로 쓴 거 맞지?'

분명 실수한 것 없이 썼는데도 홍 대리는 쉽게 마음이 놓이지 않았다.

"입찰자의 실수에 대해서는 일체 용서하는 법이 없어요. 보증금을 그대로 날리는 거예요. 그거 아까워서 어떡할 거예요. 손쓸 방법이 없다니깐! 틀렸으면 새 종이에 다시 쓰세요. 줄 찍찍 긋고 그 위에다 다시 써서 내도 안 돼요. 입찰표는 한 번 쓰면 수정이 불가능해요. 하나씩 확인하면서 천천히 쓰세요. 지금이야 이렇게 강의실 안에서 듣고만 있으니, 이런 실수를 누가 하나 싶겠지만 일단 가보세요. 떨리고 긴장돼서 아무것도 생각이 안 나요. 정신 바짝 차리고 해야 되는 게 바로 입찰입니다."

홍 대리는 입찰가격을 정하는 데 고심에 고심을 거듭했었다. 얼마를 써내야 저 집을 내 것으로 만들 수 있을까. 처음에는 최저 낙찰가에서 200만 원을 더한 7880만 원을 생각했다. 그러나 물건의 특성상 탐내는 사람들이 더 있을 것 같았다.

'음, 얼마를 써야 하지?'

처음 경매를 하는 홍 대리에게 가격을 정하는 일은 너무나 어려운 문제였다.

'8000만 원을 넘겨서 쓸까?'

한 참을 고민한 홍 대리는 처음 생각했던 7880만 원만 쓰기로 마음먹었다. 그러나 한 번 결심이 흔들리자 혼란스러워지기 시작했다. 8000만 원을 넘겨 써도 꼭 떨어질 것 같은 불길한 생각이 들었다. 그는 입찰표를 손에 든 채 옆에서 입찰표를 쓰고 있는 사람을 힐끔힐끔 쳐다봤다.

"뭐요?"

험상궂게 생긴 남자가 홍 대리를 노려보며 인상을 구겼다.

"죄송합니다."

그는 황급히 사과를 하며 자신의 입찰표를 내려다봤다.

"11시 10분에 입찰 마감합니다."

어느새 집행관이 단상에 올라 자리에 앉으며 말했다.

'으악! 벌써 시간이……'

홍 대리는 시계를 봤다. 시계는 벌써 11시를 가리키고 있었다.

'침착하자, 홍경택.'

그는 심호흡을 크게 하고 입찰표에 7880만 원을 적어 넣었다. 막상 가격을 적고나니 마음이 편해졌다. 마음이 편해지자 홍 대리는 야생화가 강의시간에 강조했던 부분들을 다시 확인해보았다.

'됐고, 됐고, 됐고……. 됐다!'

떨리는 마음으로 최저매각금액 7680만 원 중 10퍼센트인 입찰보증금 768만 원을 조심스럽게 보증금 봉투에 넣었다. 그리고 나서 서두르지 않고 법대 앞에 놓인 입찰함 속에 자신의 입찰봉투를 집어넣었다.

'이제 조금만 기다리면 되겠지.'

홍 대리는 앞쪽에 자리를 잡고 자신의 순서를 기다렸다.

'휴, 입찰도 생각보다 힘드네.'

막상 입찰봉투를 넣고 나니 이런저런 생각들이 많아졌다.

'혹시 내가 모르는 문제가 있으면 어떡하지? 권리분석을 잘못했다거나. 아니지, 명도가 문제구나. 사람들이 안 나가겠다고 하면 어쩌지? 명도 생각을 왜 못했지? 아주 질 나쁜 사람이 살고 있으면 큰일인데. 좀 더 생각해보고 입찰할 걸 그랬나.'

"마감 5분 전입니다."

마감을 재촉하는 소리가 들렸지만 홍 대리의 상상은 계속됐다.

'괜히 입찰한 거 같아. 낙찰받은 후까지 생각해놨어야 하는데. 명도를 어떻게 할 거냐고. 수연이 그 집을 싫어하면 어쩌지? 그럼 세를 놓을까? 사람이 안 들어오면? 그러다 관리비만 더 들어가는 거 아니야? 수연에게 물어보고 했어야 했나. 역시 괜히 입찰했나 봐. 내가 낙찰받으면 어쩌지?'

아직 낙찰받지도 않았는데 홍 대리는 김칫국부터 마시고 있었다. 아직 일어나지도 않은 상황들까지 걱정스러웠다.

그가 앉은자리에서 안절부절못하고 있을 즈음, 경매장 안은 어느새 사람들로 가득 차 있었다. 앉을 자리가 없는 것은 물론이고 뒤에도 빼곡히 서 있었다. 홍 대리는 점점 숨이 막혀 오는 것 같았다.

"삐!"

"입찰 마감되었습니다."

집행관이 차임벨을 울리며 입찰이 마감됐음을 알렸다.

"자, 이제 입찰함을 열겠습니다."

"어이쿠, 잠시만요! 아직 못 냈어요!"

한 아주머니가 다급하게 외쳤다. 사람들의 시선은 모두 그 아주머니를 향했다.

"아주머니, 이미 입찰은 마감됐습니다."

"어휴, 나 아직 못 냈는데. 이것까지만 받아줘요."

"안 됩니다. 마감시간이 지난 이상 받을 수 없습니다."

"안 돼요. 내가 이것 때문에 얼마나 준비를 많이 했는데! 이것까지만 받아주세요. 다음부턴 이런 실수 절대 안 할 테니까. 네?"

"이러시면 안 됩니다. 여기는 법정이에요. 자꾸 이러시면 강제퇴장시킬 수도 있습니다."

집행관 입에서 강제퇴장이란 말까지 나오고 말았다. 그 말에 아주머니는 흠칫 놀라 뒤로 물러섰다. 아주머니는 울상이 되어 뒤돌아섰다.

"어휴, 이를 어째. 나 이번에 꼭 낙찰받아야 하는데."

이미 문밖으로 사라진 아주머니의 한숨소리가 홍 대리 귓가에서 맴도는 듯했다.

'저런 일도 있구나.'

홍 대리는 점점 자신이 어디에 있는지, 자신이 지금 무엇을 하고 있는지 체감해가고 있었다.

"2014타경 ○○○○호입니다. △△구 ××동 329-2번지 □□빌라 103호. 입찰하신 분들은 모두 앞으로 나와 주시기 바랍니다."

홍 대리는 자리에서 일어나 단상 쪽으로 걸어 나갔다. 입찰자는 홍 대리를 포함해 여섯 명이었다.

"이병재 9850만 원, 김영식 9318만 원, 방민수 9130만 원, 최용훈 9090만 원……."

홍 대리는 사람들이 써낸 가격대를 듣고 깜짝 놀랐다. 자신은 고작해야 최저가에서 200만 원을 더 써냈을 뿐인데……. 홍 대리는 갑자기 부끄러워졌다.

"홍경택 7880만 원."

홍 대리는 경매장 안에 있는 모든 사람들이 자신을 지켜보고 있는 것만 같았다. 자신처럼 낮은 가격을 쓴 사람은 아무도 없었다. 낙찰가격과 자신의 가격이 이렇게 큰 차이가 날 줄은 꿈에도 몰랐다.

"최고가 매수인은 이병재 9850만 원입니다. 이병재 씨는 앞으로 나오셔서 낙찰영수증 받아가세요."

최종 낙찰가를 들은 홍 대리는 놀라지 않을 수가 없었다. 감정가 1억 2000만 원짜리가 2회 유찰되어 7680만 원까지 떨어졌는데 그 빌라를 9850만 원에 낙찰받다니. 뭔가 잘못돼도 한참은 잘못된 것 같았다. 그러고 보니 입찰가로 9000만 원 이상을 써낸 사람이 네 명이나 있었다.

"홍경택 씨, 보증금 받아가세요."

홍 대리는 고개를 숙인 채 앞으로 나갔다. 보증금을 받아들고서는 빠른 걸음으로 입찰장을 나왔다. 너무 부끄러웠다. 이제까지 자신이 뭘 공부했는지 자책감이 들었다.

'저 안에 있는 사람들이 날 얼마나 비웃을까. 에이, 쪽팔려.'

이때 홍 대리의 옆으로 낙찰받은 이병재란 사람이 지나갔다.

"잠시만요."

어디서 용기가 났는지 그는 법원 문을 빠져나가는 이병재를 불러세웠다.

"무슨 일이시죠?"

"저, 죄송한데 한 가지 여쭤봐도 되겠습니까?"

"그러시죠."

이병재는 떨떠름한 표정으로 홍 대리를 바라보았다.

"방금 낙찰받은 빌라의 입찰가가 궁금해서 그러는데요."

"경매가 처음이신가요?"

"네……."

홍 대리는 부끄러운 듯 목소리가 기어들어갔다.

"임장은 다녀오셨습니까?"

"예, 시간이 없어서 한 번밖에 못 갔습니다."

"이런. 임장을 소홀히 하셨군요. 그 지역은 곧 재개발이 될 겁니다."

"옛?"

"임장을 한 번만 다녀왔다면 모를 수도 있죠. 최근에 재개발 계획 소문이 돌았으니까요. 그럼 이만."

이병재는 말을 마친 후 법원 문을 빠져나갔다. 홍 대리는 망치로 머리를 얻어맞은 기분이었다.

'재개발 계획이 있었다니!'

그러고 보니 임장을 갔던 동네에 낡은 건물이 많긴 했다. 그렇다고 재개발이라니. 저 사람은 어떻게 임장을 했기에 저런 정보를 찾아낸 걸까? 홍 대리는 자신이 창피했다. 아직 낙찰받지도 않은 물건에 대해 겁을 먹은 자신이, 부족한 준비가, 잘못된 가격 산정이……. 이 모든 것이 자신의 무능력을 드러내는 것만 같았다. 내가 정말 경매로 집을 마련할 수 있을까 하는 의심마저 들었다.

그는 땅이 꺼져라 한숨을 쉬었다. 이런 기분으로 회사로 돌아가고 싶지 않았지만, 회사에 2시까진 들어가겠다고 말해놓은 상태였다. 점심도 먹지 못하고 도전했는데 결국 실패한 것이다.

홍 대리는 지나가는 택시를 잡았다. 그는 잠시 뒤를 돌아 법원을 한 번 보고는 눈을 감아버렸다.

유치권과 선순위 임차인 물건 다루는 법

> 스터디 공지!
> 오늘 저녁 7시 30분 신촌 토즈에서 있습니다.
> 회비: 2만 원. 야생화님 참석!
> 불참하는 분은 3시 이전까지 연락 바람.

인구가 기초반을 마친 후, 모바일 커뮤니티에 스터디 모임을 만들었는데 그곳에 공지가 뜬것이다. 홍 대리는 올라와 있는 공지를 뚫어져라 보았다. '야생화님 참석'이라니.

홍 대리는 오늘 스터디 모임에서 사람들이 가져온 물건에 대해 들어본 뒤, 괜찮으면 자신의 실패담을 말하고 의견을 물어볼 생각이었다. 그는 갑자기 당황스러워졌다. 행여나 자신의 실패에 대해,

수업을 듣고도 그것밖에 못했냐며 책망을 듣거나 비웃음을 살 것 같았다.

'그냥 가지 말까.'

법원에서 느꼈던 그 감정을 다시 느낄까 봐 두려웠다.

"홍 대리, 식사하다 말고 뭐해?"

"네? 아, 아닙니다."

"요새 무슨 고민 있어? 얼굴이 왜 이렇게 어두워. 결혼 준비가 잘 안돼?"

"아닙니다, 과장님."

"내가 자꾸 잔소리하는 건 결혼한다고 성실한 사람이 자꾸 이상한 실수를 하니까 그러는 거야. 결혼 준비로 정신없는 건 알지만, 이럴 때일수록 일을 더 잘 챙겨야지. 무슨 말인지 알지?"

"결혼 준비 때문은 아니고……, 그냥 이것저것 잘 안 풀리네요."

"일은 잘 풀릴 때도 있고 안 풀릴 때도 있는 법이야. 자꾸 하다 보면 잘 풀리는 시기가 올 걸세. 그러니 너무 기죽지 말고 일해. 남자가 그렇게 기죽어서 뭘 하겠어. 그렇게 기가 죽어 있으면 잘되던 일도 안되겠네. 자자, 기운 내. 다 먹었으면 일어나지. 내가 커피 한 잔 사줄 테니."

박 과장이 홍 대리의 어깨를 두드리며 말했다.

'그래, 기운 내자. 겨우 한 번 실패한 걸 가지고 기죽어선 안 되지. 정신 차리자, 홍경택!'

박 과장의 격려에 힘을 얻은 홍 대리는 다시 한 번 각오를 다졌다.

"풀하우스 승미 누님 오셨고, 탄탄대로 준태 형님 오셨고, 아빠의 청춘 현종 아저씨도 오셨고, 피렌체 경선 누님 오셨고……. 우와! 전원 출석인데요."

스터디 모임의 반장 역할을 맡은 인구가 온 사람들을 확인했다.

"저도 왔습니다."

옆에 서 있던 야생화가 꾸벅 인사했다.

"제가 소개해드리려고 했는데……. 감사하게도 저희 첫 스터디 모임이라고 와주셨어요. 오늘 이렇게 시간 내주신 야생화님을 위해 박수 한 번 치고 시작해요."

사람들은 환호성을 질러가며 기분 좋게 박수를 쳤다.

"야생화님도 오셨고 오늘 저희 정말 잘해야겠어요. 바짝 긴장하세요. 호호호. 자, 그럼 누구 물건부터 해볼까요?"

차승미가 테이블에 앉은 사람들을 둘러보며 말했다. 첫 순서가 부담스러운지 선뜻 나서는 사람이 없었다.

"제가 할게요."

이정도가 먼저 나섰다.

"유치권 관련 물건인데요, 물건은 정말 좋습니다. 역세권인데다가 생활편의시설도 좋아서 주거용 아파트로는 제격이에요.

한 번 유찰된 물건이라 가격도 싼 편이구요. 근데 임차인이 유치권을 신고했네요. 리모델링 공사대금으로 약 2000만 원을 요구했어요."

"2000만 원이나? 무슨 리모델링을 했기에?"

윤경선이 놀란 표정으로 물었다. 다들 의아하다는 듯 고개를 갸웃거렸다.

"그건 저도 잘 모르겠어요. 집 안을 못 봐서요."

"그런데 리모델링 공사도 유치권 성립이 되나요? 도배나 장판 정도로는 안 될 텐데."

조인구가 아는 척했다.

"아, 정말?"

윤경선이 놀랍다는 듯이 되물었다. 조인구가 그녀를 바라보며 다시 대답하려는 찰나, 서준태가 끼어들었다.

"도배나 장판만이 아닙니다. 거주에 결정적인 장애가 있어서 시행한 공사가 아니라면 유치권 성립이 안 됩니다. 마루가 내려앉았다거나, 대문이 부서졌다거나, 창틀이 파손된 경우처럼 말이에요. 단지 쾌적한 환경을 위해 임차인이 임의로 공사한 것은 안 된다는 얘깁니다. 거주에 결정적 장애가 있다는 것도 리모델링 공사 대금과 공사 진행 상황을 보여주는 서류로 증명해야 합니다."

"제가 하려던 말이 바로 그거예요."

조인구가 서준태를 째려보며 덧붙였다.

"그렇게 되면 소송까지 가는 거 아닐까요?"

이정도가 불안한 얼굴로 물었다. 서준태가 답답하다는 듯 인상을 찌푸렸다.

"그러니까 소송까지 가지 않게 잘 해결해야죠. 물건이 그렇게 좋고 리모델링도 정말 잘되어 있다면 차라리 2000만 원을 더 주는 셈 치고 낙찰받는 거죠. 다시 되팔거나 세를 주면 되니까요. 단 리모델링이 다른 아파트에 비해 얼마나 좋아졌는지 꼭 살펴보고 적정 가격을 매겨야 합니다."

서준태의 말에 이정도는 무안한 듯 뒷머리를 긁으며 웃었다.

"자자, 너무 각 세우지들 말고. 잘 해결한다는 게 말이 쉽지, 막상 하려면 또 맘처럼 안 되지. 그것 때문에 불안한 거고. 안 그런가?"

잠자코 있던 김현종이 한마디 거들었다.

"네, 어르신 말씀이 맞아요. 명색이 학교 선생인데, 제가 말솜씨가 좋거나 사람을 잘 대하는 편이 못 돼서 상당히 힘들 것 같습니다."

"그래도 해봐야지. 경매란 게 그런 거 아닌가. 아직 해본 적이 없어 그렇지, 요령이 붙으면 잘해낼 거야."

김현종이 이정도를 달래듯이 말했다. 서준태는 여전히 답답하다는 표정으로 그런 이정도를 쳐다보았다.

"저, 야생화님. 유치권의 개념이 정확히 뭔가요?"

이정도와 서준태의 대화를 듣고 있던 홍 대리가 조심스레 물어봤다. 유치권에 대해서는 조금 알고 있었지만 지금처럼 실제 적용

된 사례는 처음 듣는 것이었다. 그리고 무엇보다 첫 경매 실패 후 소심해져서 돌다리도 두드려보고 건너고 싶었다.

"유치권은 타인의 물건 또는 유가증권의 점유자가, 그 물건이나 유가증권에 관한 채권의 전부를 변제받을 때까지 그 물건이나 유가증권을 유치하는 것을 말합니다. 이는 채무자의 변제를 심리적으로 강제하는 민법의 법정 담보 물권입니다. 예를 들어, 손님에게 라디오 수리를 의뢰받은 수리공은 수리대금을 지급할 때까지 라디오를 손님에게 돌려주지 않고 그대로 유치할 수가 있어요."

"네에……."

야생화의 설명에 홍 대리는 고개를 끄덕였다.

"유치권은 경매에서 골치 아픈 문제 중 하나죠. 유치권의 존립 여부는 크게 두 가지로 나눌 수 있습니다. 첫째, 유치권 주장자가 유치권을 주장할 때부터 현재까지 지속적으로 점유를 해오고 있느냐 하는 겁니다. 둘째, 유치권을 발생시킨 공사비 내역을 증명하는 서류를 모두 갖추고 있느냐 하는 겁니다. 이 두 가지가 충분히 만족돼야 유치권이 형성되는 것이죠. 또한 유치권을 신고한 물건은 일반인들이 입찰을 잘 하지 않는데, 해결하기도 어렵고 잔금 대출도 쉽지 않기 때문입니다. 이런 물건은 유찰이 많이 돼서 훨씬 싼 가격에 얻을 수 있는 좋은 기회가 됩니다. 이정도님이 좋은 물건을 알아오셨네요."

야생화가 유치권에 대해 정리하자 서준태 때문에 얼었던 분위기가 다시금 훈훈해졌다.

"혼자서만 걱정했는데, 그래도 여러분 얘길 들으니 방법이 나오는 것 같네요. 준태 씨, 이야기 감사합니다."

이정도가 그렇게까지 말하자 서준태도 어색한 웃음을 지어 보였다.

"다음엔 제가 발표할게요. 이건 제가 입찰하고 싶은 물건은 아니고요. 어떤 분이 이미 낙찰받은 물건인데, 저희가 알아두면 좋을 것 같아서 가져왔어요. ○○동에 있는 25평형 아파트인데요, 감정가 3억짜리가 두 번 유찰돼서 1억 9200만 원에 경매가 시작됐어요."

차승미가 준비해온 자료를 돌리며 말했다.

"선순위 임차인 문제군요."

조인구가 말했다.

"어? 어떻게 알았어?"

"이 정도쯤이야. 에헴."

조인구가 어깨를 으쓱이며 대답했다.

"인구 말대로 선순위 임차인처럼 보이는 전입자가 있었어요. 그래서 이 집이 시세가 2억 8000만 원쯤 되는데도 사람들이 쉽게 못 덤벼든 거죠. 자료에도 나와 있듯이, 그 사람이 전입한 날짜는 말소기준권리인 근저당 설정일자보다 빨라요. 그리고 그 사람은 배당요구도 안 했어요. 만약 그 사람이 진정한 임차임이라면 낙찰자가 보증금을 물어줘야 되잖아요? 그런데 이 집을 낙찰받은 분에 따르면 이 사람이 수상했다는 거죠."

"어머, 뭐가 수상했는데요?"

윤경선의 눈이 반짝였다. 홍 대리도 차승미의 다음 말을 기다렸다.

"원래 임차인이 있으면 은행에서 대출을 많이 안 해주잖아요. 그런데 근저당 액수 좀 보세요. 엄청나죠? 그래서 알아보기 시작했나 봐요. 근데 알아보니까, 그 임차인이 집주인 동생인 거예요. 게다가 대출받을 때 임차인이 아니고 무상으로 살고 있다는 '무상거주확인서'도 제출했대요. 그러면 대출이 나오거든요."

"우와, 그 사람 봉 잡았네."

구석에 앉아 있던 공회전이 그제야 한마디 꺼냈다.

"그만큼 노력을 하지 않았겠나. 임차인이 누구인지 알아보고 무상거주확인서도 알아내려면 힘들었을 텐데."

"그렇긴 하죠. 그래도 2억 1000만 원에 낙찰받았으면……. 어휴, 벌써 7000만 원이나 이익을 본 거잖아요. 그 정도 노력하고 이런 돈 받으면 우와, 완전 성공한 거네."

김현종의 말에도 공회전은 부러워 죽겠다는 듯이 계속 이야기했다.

"현종 아저씨 말이 맞아요. 무상거주확인서가 있는지 알아내려면 얼마나 힘든데요. 그거, 은행에서 제대로 알려주지도 않아요. 지점 가면 본점 가서 확인해야 한다, 그래서 본점 가면 또 아무나 보여줄 수 없는 거라고 그러고. 사람을 얼마나 뺑뺑이 돌리는데요. 이분도 꽤 고생하셨을 걸요?"

참석자 중에 가장 어린 조인구가 정색을 하며 이야기하자 공회전은 민망했던지 알아들을 수 없게 작은 소리로 구시렁댔다. 마지막으로 야생화가 선순위 임차인에 대한 설명을 곁들였다.

"선순위 임차인이라 하면 말소기준권리인 근저당, 저당, 경매실행등기가 설정되기 전에 전입을 한 사람입니다. 즉 소유자와 임대차 계약을 하고 말소기준권리인 권리자들보다 전입을 먼저 했기 때문에, 이런 사람은 대항력이 있다고 하지요. 이렇게 대항력이 있는 임차인은 경매가 진행되면 낙찰자에게 자신의 임차금을 달라고 할 수도 있고, 배당요구를 해서 낙찰받은 돈에서 자신의 임차금을 배당받을 수도 있습니다."

"아, 그렇군요."

홍 대리는 이해한다는 듯이 고개를 끄덕였다.

"이번 물건은 선순위 임차인인 듯한 전입자가 배당요구를 하지 않아서 임차보증금을 인수해야 하는 것처럼 보이는 물건입니다. 그래서 유찰이 많이 된 물건인데 철저한 권리분석으로 임차인이 아님을 밝혀내 상당한 수익을 얻은 사례입니다."

사람들은 야생화의 말에 연신 고개를 끄덕였다.

"이렇듯 위장 선순위 임차인 문제도 처음에는 어려워 보이지만, 요령만 잘 터득하면 이익을 많이 남길 수 있는 물건이 많아요. 초보자들은 선순위 임차인처럼 보이는 전입자가 있으면 잘 안 들어오니까요. 차승미님이 가져온 사례처럼, 임차인이 있음에도 은행에서 대출을 많이 해주었거나 배당요구를 하지 않는 임차인이라면 의심해봐야 합니다. 대개 진정한 선순위 임차인은 배당신청을 합니다. 그러나 수상한 임차인들은 배당신청을 했다가 채권자가 배당 배제신청을 해서 배당이 안 나올 것을 대비해 먼저 배당요구를 하지 않습니다. 대신 낙찰을 받으면 그제야 낙찰자에게 보증금을 요구하기도 하죠."

야생화가 친절하게 설명을 해주자 사람들은 눈에 빛을 내면서 그를 바라보았다. 야생화는 말을 계속 이어갔다.

"그리고 마지막으로, 전입은 되어 있지만 확정일자가 없거나 경매가 진행될 즈음에 받았다면 수상한 임차인일 가능성이 높습니다. 확정일자는 계약서에 받는 것인데, 계약서가 없거나 나중에 급조해서 만들었다면 확정일자가 없는 경우가 대부분이거든요. 이런 경우들은 선순위 임차인이라 해도 의심해보고 알아볼 필요가 있죠. 또한 대부분 이런 경우에는 가족일 때가 많아요. 즉 대출을 받기 전에 전입을 해놓았다고 해서 대항력이 있는 것이 아니라 계약도 하고 전세금도 줘야 하는데 가족들은 그냥 무상으로 거주하기 때문에 대항력이 없습니다. 그래서 만약 낙찰을 받고 찾아가더라도 이사비 정도만 협의하면 큰 문제없이 명도를 할 수도 있거든요. 이 물건도 이처럼 임차인이 아니고 가족이기에 배당요구를 안 했는데도 다른 사람들은 조사도 제대로 하지 않은 채 대항력이 있는 임차인이 배당요구를 하지 않았을 수 있다고 생각해 2회 유찰된 금액에서도 입찰을 하지 않았는데, 이분은 소신 있게 입찰하여 낙찰을 받아 경매에 성공한 케이스입니다."

"형님, 너무 집중하셨나 봐요. 눈에서 레이저 나오겠네."

"하하하하……."

홍 대리의 진지한 표정이 재미있었는지 사람들이 유쾌하게 웃었다. 그도 자신이 너무 뚫어져라 야생화를 보고 있는 것을 깨닫고 황급히 고개를 돌렸다. 야생화는 창피해하는 홍 대리를 보고 지긋이 웃으며 남은 이야기를 계속했다.

부동산에서 알짜 정보 얻는 법

"역시 선생님이 오시니까 스터디 내용이 더 풍성해지네요. 저희 공부할 때마다 오시면 좋을 텐데……."

바쁜 야생화가 매주 올 수 없다는 것을 알아서인지, 차승미는 말끝을 흐리며 아쉬워했다.

"매번 올 순 없지만 자주 오도록 노력은 해보겠습니다. 좋은 데요, 처음 공부할 때도 생각나고. 하하하."

야생화는 호기롭게 웃으며 사람들을 격려해주었다.

"어휴, 다들 이렇게 준비를 많이 해올 줄 몰랐어. 나는 뭘 어떻게 해와야 하나 잘 몰라서 오늘은 빈손으로 왔는데……. 다음부턴 잘 준비해서 올게요. 호호호. 미안, 미안."

"저도……. 시간이 없어서요. 죄송합니다."

윤경선에 이어 조인구까지 자수하는 사람들이 속속 늘었다.

'아, 역시 내 건 이야기 안 하는 게 낫겠지.'

홍 대리는 이야기를 들으면 들을수록 점점 자신이 없어졌다. 사람들은 저렇게 뭔가를 준비해서 의견을 들어보고 차근차근 과정을 밟아나가는데, 자신은 너무 성급했단 생각도 들었다.

'그래, 여기서 못 물어보면 어디 가서 물어볼까. 배움에 부끄러움이 어디 있어!'

묻기로 마음을 먹은 홍 대리가 어렵게 이야기를 꺼냈다.

"저도 준비를 해오긴 했는데……. 우선 물건부터 좀 보시겠어요?"

그는 준비해온 자료를 사람들에게 나눠주었다.

"어머, 준비해오셨는데 왜 이제야 말을 꺼내세요. 얼른 봐요. 뭔데요?"

"그게……. 솔직히 말씀드리면 제가 입찰했던 물건인데요……."

"진짜요? 형님, 정말 대단하시다. 언제 입찰까지 하셨어요?"

조인구가 야단스럽게 홍 대리에게 물었다.

"그냥, 뭐……. 근데 낙찰은 못 받았어."

"감정가 1억 2000만 원짜리 빌라가 2회 유찰되어 7680만 원에서부터 시작했군요."

야생화가 자료를 보며 말했다.

"보시면 아시겠지만 썩 좋은 지역도 아니고,"

"최종 낙찰가가 얼마였습니까?"

"9850만 원이었습니다."

"9850만 원!"

"우와, 저번 유찰가격보다 높은 가격이잖아!"

높은 낙찰가를 들은 사람들이 한마디씩 했다.

"임장은 다녀오셨나요?"

"예……."

홍 대리는 야생화의 입에서 임장 이야기가 나오자, 법원에서 낙찰자 이병재가 했던 말이 떠올랐다. 창피함을 느낀 홍 대리는 고개를 숙여 자료를 보는 척했다.

"몇 번이나 다녀오셨어요?"

낙찰자 이병재가 홍 대리에게 처음 물었던 질문이 야생화 입에서 다시 나왔다.

"워낙 시간이 없어서……. 한 번밖에 가지 못했습니다."

홍 대리는 부동산에 들어가지도 못했다는 말은 하지 못했다.

"이런, 안타깝네요. 2회 유찰된 물건이 1회 유찰된 가격보다 높게 낙찰되었다는 것은 두 가지 경우뿐입니다. 첫 번째는 낙찰자가 시세분석을 잘못한 경우고……."

"두 번째는요?"

차승미는 궁금해서 못 기다리겠다는 듯이 야생화의 답을 재촉했다.

"두 번째는 그 지역에 뭔가 호재가 있는 경우입니다."

"재개발된다는 소문이 돌고 있었답니다……."

홍 대리가 기어들어가는 목소리로 말했다.

"우와, 재개발 소문이었군요."

"1억에 낙찰을 받았더라도 재개발이 확정되면 수익이 꽤 나오겠는데요."

사람들이 자신의 물건에 대해 이야기할수록 홍 대리는 쥐구멍이라도 들어가 숨고 싶은 심정이었다. 괜히 자료를 공개했다는 후회가 들기 시작했다.

"그래서 홍 대리님은 얼마에 입찰하셨어요?"

"저는 최저가에서 200만 원 더 써서 냈는데……."

홍 대리는 야생화의 눈치를 보며 조심스럽게 이야기했다.

"제가 궁금한 건, 입찰했던 사람들의 대부분이 1억에 가까운 금액을 써 냈다는 겁니다. 그 사람들은 어떻게 재개발 계획을 알 수 있었을까요?"

홍 대리는 용기를 내서 첫 경매에서 궁금했던 점을 물어봤다.

"혹시 도시계획 같은 걸 미리 빼낸 거 아닐까요?"

조인구가 눈을 반짝이며 야생화를 바라봤다.

"아닙니다. 임장에 더 충실했다면 홍 대리님도 충분히 알 수 있는 정보였습니다."

"그럼, 부동산을 둘러보면 알 수 있는 정보였단 말인가요?"

"예. 하지만 약간의 스킬이 필요하긴 하죠. 초보자인 홍 대리님에게는 어려운 문제였을 겁니다."

"야생화님, 그 스킬이 뭔데요? 가르쳐주세요."

차승미가 야생화에게 애교 섞인 목소리로 질문했다. 질문은 차승미가 먼저 했지만 다른 사람들도 모두 그 스킬이 뭔지 듣고 싶은 눈치였다.

"특별한 건 아닙니다. 임장할 때 부동산을 통해 주변 정보를 알아보는 방법인데……. 부동산에 들어갔을 때, 여러분은 뭐라고 하면서 물어보죠?"

"주변 시세가 어떻게 되냐고 물어봅니다."

"다른 분은요?"

"저는 집을 구하러 왔다고 하고 물어봅니다. 그러면 저를 대하는 태도가 달라지는 게 보이더군요."

서준태였다. 평소 같으면 잘난 체한다고 생각했을 홍 대리도 이번만큼은 고개를 끄덕였다.

'바보! 저렇게 접근했어야 하는데. 부동산에 들어가보지도 못하고 서성거리다가 왔으니 그런 낭패를 보지.'

홍 대리는 자신이 한없이 작아지는 것을 느꼈다.

"서준태 씨 방법도 괜찮습니다. 요즘 경매가 대중화하면서, 부동산 하시는 분들도 경매 때문에 이런저런 문의를 받다보니 귀찮아합니다. 다짜고짜 사무실 안에 들어가서 시세를 물어보면 좋은 정보를 얻을 수 없습니다. 그래서 저 같은 경우는 경매 물건이 있는 주변에 집을 구하는 것처럼 해서 시세를 알아봅니다. 그렇지만 그게 다가 아닙니다. 부동산을 한 곳만 가면 안 됩니다. 가능한 주변에 있는 부동산들을 다 돌아다녀봐야 합니다."

"꼭 그래야 합니까? 두세 군데만 가봐도, 어차피 그쪽에서 말하는 시세는 다 비슷비슷하던데요."

서준태의 질문이었다.

"아닙니다. 될 수 있는 한 많은 곳을 가봐야 합니다."

야생화의 단호한 말에 기세 좋던 서준태도 말문을 닫았다. 조인구는 이런 서준태의 모습을 보며 그것 보란 듯이 빙긋 웃었다.

"예를 들어, A라는 부동산에 들어가서 집을 사러 왔다고 합시다. 그 부동산중개업자는 저를 데리고 다니면서 집들을 보여줄 겁니다. 그러다 보면 자연스럽게 그 지역에 대해 이런저런 이야기를 할 수밖에 없습니다. A업체가 끝나면 B업체에 가서 똑같은 방법으로 시세를 알아봅니다."

"그럼 저랑 다른 게 없는 방법인데요."

서준태가 야생화에게 따지는 듯 말했다.

"저는 B업체를 들어갈 때 이런 말을 꼭 합니다. '방금 A업체에서 이미 집을 알아봤습니다. 그런데 마음에 들지 않아 이곳을 찾아온 겁니다.' 이렇게 말하면 B업체는 뭐라고 하겠습니까?"

"아, 그럼 B업체는 A업체와 다른 정보를 주겠군요."

홍 대리가 뭔가 깨달은 듯 말했다.

"맞습니다. B업체는 저에게 집을 팔기 위해 A업체가 말하지 않은 자신만의 정보를 말하게 되죠."

"그런 식으로 C업체, D업체를 찾아가서 시세를 조사하면, 집을 팔기 위해 알짜배기 주변 정보를 말할 수도 있겠군요."

"그렇죠. 아마 홍 대리님이 입찰한 물건에 입찰한 사람들도 이런 식으로 임장을 많이 다녔기 때문에 재개발 소문을 들었을 겁니다. 다만 1회 유찰되어 진행됐던 9600만 원 때는 사람들이 관심을 갖지 않았다가, 2회 유찰되어 7680만 원으로 진행되자 그때서야 임장을 했고 재개발에 대한 정보를 들었을 겁니다."

홍 대리는 이제야 입찰했던 사람들이 어떻게 재개발 정보를 눈치 챘는지 짐작할 수 있었다.

"노파심에 말씀드리는 건데, 홍 대리님은 너무 자책하실 필요 없습니다. 처음 시도한 입찰치고는 꽤 성공적이라고 할 수 있습니다. 자, 수고하신 홍 대리님께 박수 한번 쳐드리죠. 이런 물건 가지고 와서 물어보기도 쉽지 않으셨을 텐데요."

사람들이 박수를 치자 홍 대리는 부끄럽다는 듯 뒷머리를 긁적이며 인사했다.

'역시, 말하길 잘했어.'

"자, 이제 그만 뒤풀이 자리로 옮길까요? 여기 빌린 시간도 다 돼가는데."

사람들이 짐을 챙겨 나가기 시작했다. 홍 대리도 서둘러 짐을 챙겨 그들을 따라 나섰다. 그때 혼자 걸어가는 공회전이 눈에 들어왔다. 문득, 그가 요즘 강의를 자주 빼먹는다는 사실이 떠올랐다. 홍 대리는 빠른 걸음으로 그의 옆에 다가섰다.

"공회전 씨, 요즘 많이 바쁘신가 봐요. 강의도 자주 안 나오시고. 저번 임장 실습 때도 못 봤던 거 같은데……."

"네? 아, 바빴다기보다 요즘 몸이 좀 안 좋아서요."

"어디가 많이 안 좋으신 거에요?"

"아니, 그런 건 아니고. 그나저나 저번에 보내주신 임장 실습 자료 고맙습니다. 정리를 꽤 잘 하셨던데……."

홍 대리의 질문에 당황했는지 공회전은 대화 주제를 바꿔버렸다.

"고맙긴요. 같이 공부하는 동긴데요. 비밀스런 자료도 아니고요."

"그래도 공짜로 받을 순 없고……. 대신 나도 홍 대리님에게 보답하리다."

공회전이 홍 대리를 향해 빙긋 웃으며 말했다.

"아니에요. 괜찮습니다."

"나도 경매에 관한 팁 좀 드리겠단 이야기예요. 이번 주 금요일 저녁에 시간 비워놔요. 9시까지 강남으로 나올 수 있죠?"

"팁이요?"

"다른 사람한테는 비밀로 하고 조용히 와야 해요. 알았죠? 자, 얼른 갑시다. 뒤처지겠어요."

공회전이 홍 대리 어깨를 툭툭 치며 앞서 걸었다. 홍 대리는 그런 공회전을 보며 뭔가 이상하단 생각이 들었지만, 경매에 관한 팁이란 소리에 귀가 솔깃해졌다. 어쩌면 자신에게 뭔가 중요한 기회가 될지도 모른다는 생각이 들었다.

결혼, 위기에 봉착하다

첫 번째 경매가 비록 실패로 끝났지만 홍 대리는 묘하게도 자신감이 생기는 것을 느꼈다. 스스로 경매 물건을 찾아 임장을 가고 입찰까지 해보았다. 무엇과도 바꿀 수 없는 경험이었다. 물론 부동산에 들어가지 못한 점이 아쉽긴 하지만 이제는 자신이 있었다. 홍 대리는 수연에게 전화를 걸었다. 경매와 자기 중 하나를 선택하라고 준 한 달의 기간이 이제 보름밖에 남지 않았다. 경매에 성공해서 멋지게 만나고 싶었지만, 첫 번째 경매에서 보기 좋게 실패한 이상 그녀를 달랠 필요가 있었다.

'경매는 절대 포기할 수 없어.'

첫 입찰 후, 홍 대리는 말 그대로 경매의 매력에 푹 빠져 있었다.

"웬일이야?"

다행히 수연이 전화를 받았다.

"잘 지냈어?"

보름만의 전화라 그런지 홍 대리는 그녀가 왠지 낯설게 느껴졌다.

"응, 오빠는?"

"나도 정신없이 뛰어다녔지."

"그런데 왜 전화를 한 거야? 결정은 한 거야?"

수연의 질문을 받은 홍 대리는 뭐라고 말을 해야 할지 몰라 잠시 망설였다.

"그냥. 잘 지내는지 궁금해서 전화했어."

"오빠, 아직도 결정하지 않은 거야? 어쩜 그럴 수 있어? 보름 만에 전화해서, 그냥 전화했다는 게 말이 돼?"

그녀는 지금까지 참아왔던 설움을 한꺼번에 터뜨렸다.

"수연아, 그게 아니라……."

"이제 더 이상 나한테 전화하지 마!"

이 말과 함께 수연은 전화를 끊어버렸다.

"흑……."

전화를 끊은 수연이 울음을 터뜨렸다.

"수연아, 왜 그래?"

친정집에 와 있던 수진이 울고 있는 그녀를 보고 깜짝 놀라며 다가왔다.

"언니!"

수연은 수진의 품에 안겨 대성통곡을 하기 시작했다.

"무슨 일이야? 왜 그래?"

"오빠가……."

"요새 경택 씨랑 무슨 문제 있니?"

수진이 수연을 붙잡고 다그쳤다. 그녀는 눈물이 그렁그렁한 눈으로 수진을 바라봤다.

"왜, 경택 씨가 결혼 문제 때문에 자꾸 속 썩여?"

"몰라. 오빠가 이럴 줄은 몰랐어."

"혹시 경택 씨 바람 피워? 내가 이 자식을 진짜……."

수진이 벌떡 일어나자 수연이 깜짝 놀라 그녀의 팔을 붙잡았다.

"아냐. 그런 거 아냐, 언니."

수진이 힐끔 수연을 쳐다보았다. 그녀의 눈물은 어느 정도 말라 있었다. 수진은 한숨을 쉬며 다시 침대에 걸터앉았다. 그런 언니를 보며 수연이 말을 꺼냈다.

"오빠가 경매를 한대."

"경매?"

"난 경매가 싫다고 분명히 이야기했거든. 경매를 하면 헤어지겠다고. 그런데 아직도 경매를 하고 있어. 나 정말 결혼이고 뭐고, 헤어질 거야."

"흥분하지 말고 진정해."

수진의 말에 수연은 심호흡을 하며 마음을 안정시키려고 애썼다. 수연이 어느 정도 안정을 찾았다고 생각한 수진이 그녀에게 물었다.

"그런데 경매가 왜 그렇게 싫은데?"

"언니! 벌써 잊었어? 우리 집이 경매 때문에 어떻게 됐는지?"

"너 아직도 그 일을 마음에 담아두고 있니?"

"그걸 말이라고 해. 어떻게 그때 일을 잊어."

수진은 그녀의 말을 듣고서야 일이 어떻게 돌아가고 있는지 대충 짐작이 갔다. 수연은 어린 시절 경매로 넘어간 집에서 강제로 쫓겨난 것을 잊지 않고 있었다. 당시 수진도 겪은 일이었지만 나이가 더 어렸던 수연에게 더 충격이 컸던 모양이다.

"가만. 그러고 보니 경택 씨가 왜 갑자기 경매를 하는 거니?"

"언니가 오빠한테 전셋집 말고 신혼집 장만하라고 해서 그런 거 아니야?"

"어머! 얘가 생사람 잡네. 난 그런 적 없어."

수진이 수연의 말에 놀라며 손사래를 쳤다.

"혹시 지난번에 경택 씨가 집에 밥 먹으로 왔을 때 우리 말을 들은 게 아닐까?"

수진의 말을 들은 수연은 말이 없었다. 한참 말이 없던 그녀가 뭔가 결심한 듯 말문을 열었다.

"어쨌든 오빠는 날 선택하지 않았어. 난 오빠와 결혼 안 할 거야."

"어린애처럼 왜 이러니. 너 한 번이라도 경택 씨 입장에서 생각해본 적 있니?"

수진의 말에 수연의 태도가 조금 누그러졌다.

"지금 경택 씨가 너랑 함께 살 신혼집을 구하려고 애쓰고 있잖니. 요즘 같은 세상에 이렇게 책임감 있는 남자 만나기 힘들어."

"하지만 언니, 다른 것도 아니고 경매야! 난 경매하는 남자와 살기 싫어."

"어렸을 때 당한 일이라 너에게 큰 상처가 됐구나. 나도 그때 일을 생각하면 그 사람들이 원망스러워. 하지만 원인 제공은 아버지가 했어. 아버지가 보증을 잘못 서서 당한 일이야."

"그런 말이 어디 있어! 그렇다고 사람을 그런 식으로 쫓아내는 건 범죄라고!"

수연의 외침에 수진이 길게 한숨을 쉬었다.

"수연이 넌 어려서 잘 모르지만 그때 아빠가 잘못한 거야."

"그게 무슨 말이야?"

"아빠가 우리 집을 낙찰받은 사람에게 부탁을 했어. 2개월만 더 살게 해달라고. 그런데 갑자기 네가 병에 걸린 거야."

수진의 말을 들은 수연은 그때의 기억이 어렴풋이 떠올랐다. 몸이 약한 그녀는 유독 잔병치레가 많아 부모님의 걱정이 컸다.

"그래서 아빠는 네가 나을 때까지 이사를 못 가고 있다가 약속을 어기게 된 거지."

"그래도 사람을 강제로 쫓아내는 건 나쁜 거야."

"약속을 어긴 우리도 잘한 건 없었어. 사람들은 각자의 사정이 있는 거야."

수진의 말에 수연은 아무 말 없이 앉아 있었다.

"수연아, 그리고 요즘에는 강제집행하지 않고 경매하는 사람들도 많아."

"그걸 언니가 어떻게 알아?"

"어? 그게……."

수연의 말에 수진이 갑자기 말을 더듬기 시작했다.

"왜 그래? 나한테 숨기는 거 있어?"

"너, 네 형부한테는 비밀로 해. 나 요즘 공인중개사 시험 준비하잖아."

"정말?"

"그래. 요즘에는 한 사람이 벌어서는 먹고살기 힘들어. 이번에 공인중개사 시험에 합격하면 경매에도 도전해볼 생각이야."

수진이 다부지게 말했다. 수연은 믿기지 않는다는 표정으로 한동안 그녀를 바라봤다. 수진은 처녀 시절부터 자존심 하나로 살아왔다. 손에 물 한 방울 묻히지 않고 살 것 같던 언니가 공인중개사 시험을 보고 경매에 도전할 생각까지 하다니. 수연은 뭔가 숙연한 기분마저 들었다.

"언니, 아이를 낳고도 그렇게 도전하다니 정말 멋지다. 언제부터 공부 시작한 거야?"

"좀 됐지. 그리고 수연아, 어린 시절 일은 잊어버리고 잘 생각해 봐. 정말 경매가 싫어서 반대를 하고 있는지, 아니면 네 말을 안 듣는 경택 씨가 미워서 반대를 하고 있는지. 부부는 누가 누구의 말을 꼭 들어야 하는 그런 관계가 아니라는 걸 잊지 마."

수진은 이 말을 남긴 채 방을 나갔다. 수연은 침대에 웅크린 채 깊이 생각하기 시작했다.

홍 대리는 수연과의 통화 후 마음이 심란했다. 직장 일도 경매 공부도 손에 잡히지 않았다. 알콩달콩 재미있는 결혼생활을 위해 시작한 경매가 수연과의 관계를 이렇게까지 위기로 몰아넣을지는 몰랐다.

'그래, 내가 잘못한 거야.'

아무리 생각해봐도 수연의 말이 맞았다. 경매와 수연 둘 중에 하나만 택하라면 한 치의 망설임 없이 그녀를 택했어야 했다.

'지금이라도 경매를 그만둬야 돼.'

야생화나 스터디 동기들과의 인연이 끊기는 게 안타까웠지만 수연보다 중요하지는 않았다. 결심을 굳힌 홍 대리는 수연에게 전화를 하려 했다.

'아니지.'

한 번 화가 나면 아무것도 들리지 않는 수연의 성격을 보면 전화를 안 받을 수도 있었다.

'일단 수연의 집으로 가보자.'

홍 대리는 퇴근하자마자 수연의 집으로 향했다.

"홍경택입니다, 어머니. 잘 지내시죠? 혹시…… 수연이 퇴근했나요?"

홍 대리는 망설이다가 그녀의 집 앞에서 전화를 했다. 다행히 수연은 아직 집에 오지 않았다. 홍 대리는 그녀가 올 때까지 집 앞에서 계속 기다리기로 했다.

"수연아!"

한참을 기다리던 홍 대리는 저만치 걸어오고 있는 수연을 발견하고 반갑게 그녀를 불렀다.

"……."

그를 본 수연은 놀란 얼굴이었다.

"잠깐 이야기 좀 할 수 있을까?"

홍 대리는 수연을 데리고 집 근처 카페에 들어갔다. 만나자마자 경매를 그만둔다고 말하려 했는데, 막상 그녀와 마주앉자 입이 쉽게 떨어지지 않았다.

"수연아, 오빠가 미안했다. 나, 경매 그만둘게."

마음을 굳힌 홍 대리는 수연을 똑바로 쳐다보며 말했다.

"……왜?"

홍 대리의 말에 수연은 놀랐지만 차분히 되물었다.

"네가 그렇게 싫다고 하는데 계속해서 뭐하냐?"

수연은 차를 마시며 잠시 생각에 잠겼다.

"오빠, 나도 그동안 경매에 대해 알아보고 생각도 해봤는데 경매가 그렇게 나쁜 것만은 아닌 것 같더라."

"응?"

뜻밖의 말에 홍 대리는 순간적으로 정신이 멍해졌다.

"수연아, 방금 뭐라고 그랬어?"

"그러니까 오빠 나 때문에 경매 그만두지 말라고."

"정말?"

"응."

홍 대리는 너무 기쁜 나머지 건너편 소파로 가서 수연을 껴안았다.

"치, 어린애 같이."

"어린애?"

"그래, 어린애들이 그러잖아. 장난감 사달라고 울고 떼쓰다가, 사주면 언제 그랬냐는 듯 좋아하잖아."

"하하, 그런가?"

"아직 내 말 다 안 끝났어."

"응?"

홍 대리는 수연이 무슨 말을 할까 싶어 긴장했다.

"내가 말한 조건을 들어줘야 경매를 계속할 수 있어."

"조건?"

"강제집행은 절대 하지 않는다고 약속해줘."

수연은 엄한 눈빛으로 홍 대리를 봤다.

"하하하! 그거라면 걱정하지 마. 내가 말했잖아. 날 가르치는 야생화님은 단 한 번도 강제집행한 적 없다고. 난 그분을 존경해. 그러니까 내 말은, 강제집행을 할 일이 절대 없다는 거야."

"믿어도 돼?"

"당연하지!"

홍 대리는 다시 한 번 수연을 꼭 껴안았다.

"수연아, 하나 물어봐도 돼?"

"뭔데?"

"왜 갑자기 허락해준 거니?"

수연이 갑자기 경매를 허락한 이유가 궁금했던 홍 대리가 그녀를 바라보며 물었다.

"그냥……. 오빠의 마음을 알았다고 할까."

"내 마음?"

"그런 게 있어."

수연은 더 이상 말해주지 않았다. 그래도 그녀의 허락을 받은 홍 대리는 날아갈 것 같은 기분이었다. 사랑하는 여자가 자신을 이해해주는 것만큼 남자를 기쁘게 하는 것은 없기 때문이다.

조인구에게 찾아온 행운

"형님, 저 좀 도와주세요."

점심식사를 마치고 회사로 복귀하는 홍 대리에게 조인구의 전화가 걸려왔다.

"도와달라니? 그게 무슨 말이야?"

"29일 오전에 시간 되시면 저랑 법원 좀 같이 가주실래요?"

"법원?"

"예. 좋은 물건이 있어 입찰하려고 하는데 혼자서는 불안해서요. 형님은 지난번에 입찰 한 번 해봤잖아요. 그러니까 저랑 같이 가주시면 안 돼요?"

조인구가 간절하게 애원하는 바람에 홍 대리는 그만 같이 가주겠다고 약속을 하고 말았다.

'그래, 경험은 많을수록 좋은 거지.'

홍 대리가 첫 경매에서 느낀 것은 경험이 곧 재산이라는 사실이다. 게다가 스터디 모임의 막내이면서 늘 자신을 챙겨준 조인구의 부탁을 쉽게 거절할 수가 없었다.

"형님! 여기에요."

법원에 도착하자 입구에서 조인구가 먼저 알아보고 손을 흔들었다.

"와주셔서 정말 고마워요, 형님. 제가 낙찰받으면 근사하게 한턱 내겠습니다. 헤헤."

"너무 부담 갖지 마. 내가 야생화님도 아니고 무슨 도움이 되겠어. 단지 경험이다 생각하고 나온 거지."

"아니에요. 형님이 옆에 계셔주는 것만으로도 제게 큰 힘이 되는걸요."

조인구는 특유의 넉살을 부리며 홍 대리를 기분 좋게 해주었다. 조인구는 보면 볼수록 사람을 끌어당기는 매력이 있었다.

"우와, 대단하네요."

법원 안으로 들어선 조인구는 입찰하기 위해 모인 사람들을 보며 흥분했다.

"여기서는 전화를 받아도 안 되고, 음식을 먹어도 안 돼."

홍 대리는 조인구에게 주의사항을 알려줬다.

"네, 형님. 혹시 형님이 여기서 음식 드신 것 아니에요?"

"어허. 나도 그런 실수는 안 해."

"농담이에요. 너무 정색하니까 진짜 같잖아요, 헤헤."

조인구는 농담을 하면서 차츰 긴장을 풀었다. 홍 대리와 조인구는 입찰표를 적는 곳으로 갔다.

"입찰가는 정했어?"

"네."

조인구가 입찰하려는 물건은 소형 아파트였고 감정가는 1억 8000만 원이었는데, 2회 유찰되어 최저 매각금액은 1억 1520만 원이었다.

"임장도 네 번이나 갔다 왔고, 비용의 일부는 부모님이 도와주신다고 했어요."

"근데 넌 하나도 안 떨리나 보다. 시세는?"

"1억 6000에서 1억 7000 정도 하던데요."

홍 대리는 조인구의 의연함과 몇 번에 걸쳐 물건을 파악까지 했다는 것이 부러웠다. 그는 자신의 첫 경매 때 느꼈던 고민과 떨림을 생각하면 지금도 심장이 뛸 정도였다.

"저도 안 떨리는 건 아니에요. 형님이 옆에 있으니까 이러는 거죠."

"알아주니 고맙다. 어쨌든 실수하지 말고 정확히 적어."

"맡겨주십시오. 저도 야생화님 제자 아닙니까!"

입찰표 기입을 다 마친 조인구는 보증금을 조심스럽게 봉투에 넣었다. 그리고 심호흡을 한 번 크게 하더니 법대에 놓인 입찰함 속에 봉투를 집어넣었다.

십여 분 뒤, 마감시간이 되자 차임벨이 울렸다.

"자, 이제 입찰함을 개봉하겠습니다!"

꽉 쥔 조인구의 손이 가늘게 떨리고 있었다. 홍 대리는 조인구의 등을 살짝 두드려줬다. 아무리 유쾌한 척 넉살을 부려도 긴장이 되는가 보다.

"2014타경 ○○○○호입니다. △△구 ××동 243-7번지 □□빌라 401호. 최저가 1억 1520만 원부터 시작합니다. 입찰하신 분들은 모두 앞으로 나와 주시기 바랍니다."

조인구는 몸을 일으켜 단상 쪽으로 걸어 나갔다. 어느새 앞쪽에는 조인구를 포함해 열 명이 서 있었다.

"박승현 씨 1억 1750만 원. 김영식 씨 1억 2190만 원. 김영철 씨 1억 2670만 원……."

이름과 입찰가격이 한 명씩 호명될 때마다 흥분과 안타까움의 한숨이 교차했다.

"조인구 씨 1억 3880만 원."

열 명 중 아홉 번째에 자신의 이름이 불리자 조인구는 긴장된 표정을 지으며 고개를 푹 숙였다. 뒤에 있던 홍 대리는 긴장한 조인구를 바라보며 안타까워했다.

"함은희 씨 1억 5360만 원. 최고가 매수인은 함은희 씨로, 낙찰가는 1억 5360만 원입니다. 함은희 씨는 앞으로 나와 낙찰영수증을 받아가세요."

"1억 5360만 원!"

최종 낙찰가를 들은 조인구가 짧은 탄성을 내질렀다.

"아쉽다. 저 여자가 저렇게 높게 쓰지만 않았으면 내가 거의 될 뻔 했는데."

조인구는 여자를 부러운 듯이 쳐다보며 중얼거렸다. 그때였다.

"잠깐만요!"

집행관의 다급한 외침 소리가 들렸다.

"함은희 씨가 낙찰받은 2014타경 ○○○○호는 입찰보증금 부족으로 무효 처리합니다."

"뭐라고요? 왜 무효가 된 건데요? 이건 말도 안 돼요!"

50대 중반으로 보이는 여자가 집행관에게 거칠게 항의했다. 입찰에 참가했던 사람들은 무슨 일이 벌어진지 몰라 집행관을 바라보고 있었다.

"자! 보세요."

집행관은 함은희가 보는 앞에서 돈을 세기 시작했다.

"함은희 씨는 입찰보증금으로 1152만 원을 내야 하는데 1150만 원만 냈어요."

집행관이 입찰보증금을 확인하는 과정에서 2만 원이 부족하다는 사실을 발견한 것이다.

"잠시만요!"

여자는 소리를 지르며 자신의 지갑에서 부족했던 2만 원을 꺼내려했다.

"안 됩니다. 입찰보증금이 부족하면 무효입니다."

집행관의 단호한 말에 여자는 얼굴이 사색이 된 채 더 이상 말을 잇지 못했다.

"이번 사건은 보증금 부족으로 차순위였던 조인구 씨가 최고가 매수인이 되셨습니다."

집행관의 말에 조인구가 믿기지 않는다는 표정을 지었다. 흥분한 조인구는 법원이 떠나갈 듯 외쳤다.

"하하하핫, 제가 낙찰을 받았어요. 제가 낙찰을 받았다고요!"

홍 대리는 방방 뛰고 있는 조인구를 부러운 눈으로 바라봤다. 정작 집이 필요한 사람은 홍 대리 자신이었다. 그런데 집이 필요한 그는 낙찰을 받지 못했고, 투자 목적으로 집을 사놓겠다는 조인구는 운 좋게도 낙찰을 받은 것이다.

'아니야, 이러면 안 돼.'

홍 대리는 조인구의 행운에 질투가 나려고 하자 황급히 마음을 다잡았다. 조인구는 이 물건을 낙찰받기 위해 임장을 네 번이나 다녀왔고 시세 파악도 정확히 했다.

'그래, 최선을 다하니까 이런 행운도 오는 거야.'

"형님, 뭐하세요. 제가 한턱 낼 테니까 어서 나가요."

조인구가 생각에 잠긴 홍 대리의 팔을 붙잡고 이끌었다.

"그래, 가자. 축한한다, 인구야!"

그는 조인구의 등을 치며 낙찰을 축하해주었다.

또 다른 경매 고수를 만나다

"홍 대리님, 접니다. 오늘 약속 기억하시죠?"

공회전이었다. 지난번 스터디 모임 때 말한 경매 팁을 가르쳐주겠다는 전화였다.

'경매의 팁이라……'

홍 대리는 공회전의 경매 팁이 너무 궁금했다. 자신의 지나친 기대 때문에 오히려 실망하는 게 아닐까 싶을 정도였다.

경택은 조금 일찍 약속장소에 도착했다. 약속한 시간이 조금 지나자 저쪽에서 공회전이 오는 것이 보였다.

"어이, 홍 대리님!"

홍 대리는 공회전을 보며 꾸벅 인사했다. 공회전은 우리끼리 무슨 인사냐며 너스레를 떨었다. 그는 약간 취한 듯 보였다.

"술 마셨어요?"

"네, 조금. 자, 이제 갑시다."

"어디요? 어딘지 말씀은 해주고 가셔야죠."

"글쎄, 가보시면 알아요."

홍 대리는 무작정 자신을 이끄는 공회전을 따라 한 술집으로 들어갔다. 술집에는 벌써 많은 사람들이 가득 차 있었다. 홍 대리는 술집으로 자신을 이끈 공회전을 보면서 실망하고 말았다.

"지금 저랑 술 마시자는 겁니까?"

그런 홍 대리의 마음을 알아차렸는지 공회전이 발걸음을 멈추고 말했다.

"홍 대리님, 경매 공부가 이번이 처음이죠?"

"네. 그런데요?"

"그래서 야생화밖에 모르죠? 근데 이 세상엔 많고 많은 경매 고수들이 있단 말입니다. 뭐, 아는 게 있어야 다른 사람들 강의를 찾아서 들어보거나 하겠죠. 오늘 수업은 다 차는 바람에 수업을 듣지는 못했지만 뒤풀이 자리라도 나와서 이분하고 이야기 좀 나눠보라고 이렇게 부른 겁니다. 그동안 자신이 얼마나 우물 안 개구리였는지 알게 될 거예요. 내가 이 자리에 홍 대리님 데려오려고 얼마나 고생을 했는지 알아요? 모르시죠?"

"……."

"또 고민하신다. 그러지 말고 그냥 잠자코 따라오기나 하세요."

홍 대리는 공회전 옆에 바짝 붙어서 술집 테이블 사이를 지나쳐

갔다. 공회전이 그에게 속삭였다.

"지금 소개해드리는 선생님은 손재물이란 분이에요. 경매 고수 중의 고수죠. 이분이 한번 찍었다 하면, 무조건 이익이 두 배 이상은 남는다고 보면 돼요. 경매 과정은 또 얼마나 쉽게 진행하시는지……. 경매가 이렇게 쉬운 거구나 하는 걸 몸소 체험한다니까. 그동안 이분이랑 친하게 지내려고 내가 얼마나 노력을 했는지 모를 거예요. 그런 분한테 데려다 드리는 거니까 실수하지 말고 잘해봐요. 혹시 또 알아요? 신혼집이 넝쿨째 들어올지."

공회전이 코를 찡긋거리며 웃었다. 홍 대리도 어색하게 따라 웃었다. 가장 앞쪽에 있는 테이블에 다다랐을 즈음 공회전이 누군가에게 큰 소리로 인사를 했다.

"안녕하세요, 선생님. 오늘 강의도 감명 깊게 잘 들었습니다."

금테 안경을 낀 한 남자가 홍 대리와 공회전을 위아래로 훑어보면서 말했다.

"아, 공회전 씨. 근데, 옆에 있는 분은 누구신가? 처음 보는 얼굴 같은데."

"제 친구입니다. 오늘 강의를 정말 듣고 싶어 했는데, 선생님 강의가 워낙 빨리 마감돼서요. 못 듣고 밖에서 징징거리는 걸 제가 불쌍히 여겨서 데려왔습니다. 선생님 얼굴이라도 한번 뵙고 가라고요."

공회전이 홍 대리 옆구리를 쿡 찔렀다. 홍 대리가 급히 고개를 숙여 인사했다.

"안녕하세요. 홍 대리, 아니 홍경택이라고 합니다."

"네, 반갑습니다."

인사를 마친 홍 대리와 공회전이 어색하게 앞에 서 있자 손재물이 물었다.

"뭐, 더 하실 말씀이라도?"

공회전은 손재물의 말을 기다렸다는 듯이 그의 옆자리를 비집고 앉았다.

"저 친구가 곧 결혼을 해야 하는데, 아직 신혼집 장만을 못 했어요. 그래서 혹시나 선생님께서 무슨 좋은 말씀이라도 해주시지 않을까 기대를 엄청 하고 왔거든요."

공회전은 홍 대리를 끌어다 앉히며 말했다.

"어서 말씀드려."

"네? 그, 그게……. 저는……."

"이 친구가 오늘 유난히 떠네요. 긴장 풀고. 응?"

홍 대리는 무슨 말을 해야 할지 몰라 공회전을 빤히 보고만 있었다. 공회전은 답답하다는 듯 홍 대리에게 계속 눈짓을 주었지만, 그는 그것조차 알아채지 못하고 있었다.

"그래, 경매 공부는 하신 지 얼마나 되셨나?"

"6개월 정도 됐습니다. 그치?"

공회전이 앞서 말하며 홍 대리에게 다시 한 번 눈짓을 줬다.

"네."

"그럼 낙찰도 받아보셨겠네?"

"실력이 안 돼서 아직……. 입찰은 한 번 해봤습니다."

"한 번?"

"이 친구가 원래 좀 소심합니다, 선생님."

공회전이 다시 끼어들었다. 손재물은 공회전을 한 번 흘겨보더니 다시 홍 대리에게 물었다.

"그럼 그동안은 어떤 사람한테 경매를 배웠지? 독학인가?"

"저는 야생화 선생님이라고……."

"아, 그 야생환지 들국환지 하는 그 사람?"

손재물은 냉정한 눈빛으로 홍 대리를 바라봤다. 홍 대리는 그의 눈빛 한 번에 바짝 몸이 얼고 말았다.

"어! 선생님, 어떻게 아세요?"

공회전이 함박웃음을 지으며 손재물 옆으로 좀 더 붙어 앉았다.

"뭐, 그렇게 잘 아는 사이는 아니고. 내가 경매를 아예 모를 때 한 번 배우러 간 적이 있었는데……."

"아하, 선생님도 그분께 배우신 거군요."

"굳이 배웠다고 말한다면 그렇다고 할 수도 있지. 자네도 그 사람 밑에서 공부한 적이 있나?"

손재물이 곱지 않은 시선으로 공회전을 쳐다봤다.

"아뇨, 아뇨. 저야 선생님한테 배웠죠. 저도 아주 모를 때 한 번 갔었는데, 이건 뭐……."

공회전이 말끝을 흐렸다.

"하기야, 그 사람은 뭣도 모를 때나 먹히지. 그럼 그 사람 하는 방법은 다 알겠구먼. 어디 그게 경맨가? 자선사업이지. 이 사정 저 사정 다 봐줘가면서 명도하는 게 무슨 자랑이라고. 이 바닥에서 명도를 그딴 식으로밖에 못하면 막말로 병신이지, 안 그런가?"

손재물이 홍 대리를 바라봤다. 홍 대리는 이러지도 저러지도 못한 채 그의 시선을 피하기 바빴다.

"일을 하면서 입에 풀칠할 정도도 못 벌면 그게 제대로 된 일이라고 할 수 있을 거 같나? 아니, 풀칠할 이상을 벌어야지. 한 번 들어보고는 영 글러먹어서 다시 신청 못하겠더라고."

"아, 그러셨구나. 어쩐지."

공회전이 맞장구를 쳐주었다.

"그래서 자네가 6개월을 배우면서 겨우 입찰 한 번 해본 거구먼. 그것도 패찰로 끝나고."

홍 대리는 아무런 말도 할 수가 없었다.

"법원 가서 아주 떨다 왔겠네. 낙찰받지도 않은 물건, 명도 걱정부터 하고."

홍 대리가 놀란 얼굴로 손재물을 바라봤다.

"어떻게 알았냐고? 이봐, 명도하면서 이런저런 사정 다 봐주는 사람 밑에서 배운 경매니 오죽하겠나. 거기서 그렇게 배우다가는 아무것도 못해. 그렇게 해서 얼마나 벌겠어. 결혼 빨리 하고 싶으면 얼른 다른 사람한테 배워. 내가 신혼집 구한다는 자네가 딱해서 하는 소리야."

공회전은 지나칠 정도로 고개를 끄덕였다. 홍 대리가 아무런 반응이 없자 손재물은 들으라는 듯이 혀를 끌끌 찼다.

"뭐, 꼭 그 사람을 무시해서 하는 소리는 아니네. 솔직히 돈 좀 만져보겠다고 하는 사람들은 위험을 안고서라도 공격적인 투자를 하는 게 자연스런 일이라고 할 수 있지. 하지만 그 사람은 그렇지가 않거든. 그러니 강제집행도 안 해요, 공격적인 투자도 안 하지. 어느 세월에 우리가 원하는 만큼 돈을 만져 볼 수 있겠냐는 말일세."

"선생님, 그럼 오늘 이 사람에게 경매 한 수 가르쳐주시죠."

그날 홍 대리는 밤이 새도록 손재물의 경매 경험담을 들어야 했다. 주정 비슷한 경험담은 부풀려진 것이 많았지만, 야생화의 경매와는 확실히 달랐다. 손재물이 하는 행동이 썩 좋아 보이진 않아도, 무엇보다 큰돈을 더 쉽게 벌 수 있을 것 같다는 생각이 들었다. 홍 대리는 술집을 나오며 공회전에게 감사하다고 해야 할지 망설이고 있었다.

"고맙다는 소린 됐어요. 이걸로 빚 갚은 셈이니까."

"아, 네."

"그쪽도 여기저기 더 알아보는 게 좋을 거예요. 야생화만 믿고 있다가는 언제 결혼할지 모를 테니까. 어쨌든 가본다니까 조심히 잘 들어가세요. 난 좀 더 있다 가야 될 것 같으니. 오늘 일은 절대 비밀입니다. 여기저기 좋은 정보를 얻으려면 흔적을 남겨선 안 되는 법이니까. 내 말이 무슨 말인지 알아들었죠?"

"네, 그럼 이만 가보겠습니다. 들어가세요."

공회전은 손을 한 번 흔들어 보이더니 다시 술집으로 들어갔다.

뒤돌아서 길을 걷는데 홍 대리의 머릿속에 자꾸만 자신의 길이 정말 옳은 것인가 하는 의심이 들기 시작했다. 자신의 경매 철학을 이야기하는 야생화의 얼굴이 스쳐지나가더니, 자신이 법원에서 쩔쩔매던 모습이 떠올랐다. 홍 대리는 무엇이 옳은 것인지 도무지 알 수가 없었다. 그는 자신이 어떻게 해야 하는지 몰라 혼란스러웠다.

'아, 뭐가 뭔지 진짜 모르겠네. 에잇, 나중에 생각하자. 오늘 말고 나중에……'

홍 대리는 고개를 세차게 저으며 빠른 걸음으로 걷기 시작했다.

아직은 2퍼센트 부족할 때

"오빠, 오늘도 집 보러 가는 거야?"

전화기 너머로 수연의 들뜬 목소리가 들려왔다.

"응. 모처럼 주말인데 데이트도 못하고 미안해."

"흥. 미안한 줄 알면 빨리 낙찰이나 받으라고."

"하하하, 그래. 그렇다고 비싸게 낙찰받을 순 없잖아. 걱정하지 말라고. 발에 땀나도록 뛰어다닐 테니까."

"오빠, 화이팅!"

전화를 끊은 홍 대리는 기쁜 마음을 주체할 수 없었다. 경매를 그렇게 반대하던 수연이 응원을 해주자 새삼 책임감이 생겼다.

'수연아 기다려. 내가 멋진 신혼집을 구해줄게.'

홍 대리가 임장을 하러 가는 물건은 17평(56.1제곱미터)에 방 3개짜리 빌라였다. 감정가 1억 6000만 원짜리가 2회 유찰되어 1억 240만 원에 나온 것이었다. 지난번에 입찰했던 물건보다 가격이 높아서 돈이 걱정됐지만, 제2금융권에서 80퍼센트 이상 대출이 가능하기 때문에 입찰을 시도해보려는 것이다.

오늘 임장은 벌써 세 번째였다. 시세 파악을 잘못해서 첫 경매를 실패한 후부터, 임장은 시간 날 때마다 가고 있었다. 게다가 열심히 하는 사람은 하늘도 돕는다는 것을 조인구를 통해 본 뒤로는 더 노력할 수밖에 없었다.

"앞으로 이쪽 길이 4차선으로 확장될 겁니다."

"아, 그럼 동네가 더 발전하겠네요."

"그럼요. 이 동네에 빌라를 장만하면 후회 안 하실 겁니다."

주변의 부동산 업체들을 방문해서 야생화가 가르쳐준 방법대로 하니, 시세뿐만 아니라 여러 가지 정보를 들을 수 있었다.

홍 대리는 지난번처럼 소심한 마음에 가격을 너무 낮게 쓰는 실수를 하고 싶지 않았다. 홍 대리는 여러 가지 경우의 수를 생각해보았다. 낙찰 후 인수 과정에서 생각지 않은 돈이 필요할 수도 있고, 혹시나 내부를 수리해야 하는 경우도 생길지 모른다. 정확한 입찰가 산정을 위해서는 어떡하든 경매로 나온 빌라 내부를 볼 필요가 있었다.

'후우…….'

경매로 나온 집 앞에 선 홍 대리는 길게 심호흡을 했다. 신문도 쌓여 있지 않았고, 문에 전단지도 붙어 있지 않았다. 집이 경매로 넘어갔어도 아직 사람이 살고 있고, 지속적으로 관리가 되고 있다는 증거였다.

'집 주인이 살고 있나보네.'

홍 대리는 주변 탐문으로 이 집이 어떻게 경매에 나왔는지는 대충 알고 있었다. 홍 대리는 초인종을 누르기 위해 손을 들었다. 그러나 평생 이룬 재산을 하루아침에 잃은 사람의 심정을 생각하니, 차마 초인종을 누를 수가 없었다.

'홍경택, 정신 차려. 어차피 경매에 나온 물건이야. 내가 아니어도 누군가는 낙찰받아야 할 물건이란 말이야.'

홍 대리는 다시 한 번 마음을 다잡고 초인종을 눌렀다. 안에서는 아무런 반응이 없었다.

'아무도 없나?'

홍 대리가 다시 한 번 초인종을 누르려는 순간.

"누구세요?"

"법원에서 나왔습니다."

홍 대리는 한 치의 망설임도 없이 법원에서 나왔다고 말을 했다. 그가 법원에서 나왔다고 말을 한 건 야생화가 했던 이야기가 떠올라서였다.

"가능한 물건의 내부를 봐야 합니다. 그래야 낙찰받은 건물을 수리해야 할지 말아야 할지 결정할 수 있기 때문입니다. 그런데 대부분 문을 잘 열어주지 않습니다. 그럴 때 '법원에서 나왔습니다'라고 말씀하세요. 그럼 경매 때문에 예민해져 있는 집주인은 문을 열 겁니다."

야생화의 말처럼 집주인 여자가 문을 살짝 열었다. 안전체인을 풀지 않는 것을 보니 자신을 못 믿는 것 같았다.

"어쩐 일로 오셨나요?"

"법원경매 때문에 왔습니다."

홍 대리는 야생화가 알려준 대로 문을 연 후에는 사실대로 경매 때문에 나왔다고 말했다.

"저는 볼일 없어요."

집주인 여자는 불쾌한 듯 문을 닫으려고 했다.

"잠시면 됩니다."

홍 대리는 재빨리 오른발을 문틈에 집어넣으면서 문 앞에 바짝 다가섰다.

"왜 이러세요?"

집주인 여자는 홍 대리의 발이 문틈에 끼자 당황해서 목소리를 높였다. 그러나 홍 대리는 이때를 놓치지 않고 열려 있는 문틈으로 집 내부를 관찰했다. 문틈으로 보이는 곳은 거실뿐이지만 꽤 많은 것을 알 수 있었다. 거실은 비교적 깨끗했고, 거실 벽면은 몰딩이 새것으로 되어 있었다. 리모델링한 지가 얼마 안 된 듯싶었다.

"죄송합니다."

집 내부를 본 홍 대리는 집주인 여자에게 사과하고 문틈에 집어넣었던 발을 빼냈다. 여자는 기분이 나쁜 듯 문을 세차게 닫아버렸다.

'휴……'

홍 대리는 이마에 흐르는 땀을 닦아냈다.

'이제 집 구조만 보면 좋을 것 같은데…….'

그는 어디서 그런 용기가 나왔는지 아랫집까지 봐야겠다는 생각이 들었다. 초인종을 누르기 전에는 문 앞에서 잠시 망설였지만, 한 번 누르고 나니 왠지 자신감이 생겨서 술술 말을 시작할 수 있었다.

"안녕하세요? 다름이 아니라 여기 위층이 매물로 나와 집을 보러 왔는데, 집에 아무도 안 계셔서요. 죄송한데, 집 구조만 잠깐 보여주실 수 있으신가요?"

홍 대리가 수줍게 웃으며 말하자 선한 인상의 아주머니는 선뜻 안으로 들어오라고 하셨다. 그는 몇 번이나 고개를 숙여가며 인사를 했다. 집 안은 의외로 깔끔했다. 햇빛도 잘 들어오는 편이고, 오래된 빌라치고는 관리가 잘되어 있어 마음에 들었다.

"여기 사시기는 어떠세요? 제가 이 동네를 처음 와봐서요."

아주머니는 주위 시설에 대해 자세히 말해주었다. 홍 대리는 그 말에 연신 고개를 끄덕이며 호응해줬다. 부동산에서 들었던 것보다 훨씬 값진 정보들이었다. 그 집을 나올 때도 아주머니에게 진심으로 감사하다는 인사를 드렸다.

집을 나와 골목길을 따라 쭉 내려가는데, 경매 정보지를 든 아주머니 둘이 올라오는 것이 보였다. 경매 정보지를 저렇게 들고 다니는 것을 보면 초보가 분명했다. 홍 대리는 다른 곳으로 시선을 돌려 동네를 다시 한 번 천천히 둘러보고는 근처 지하철역까지 걸어갔다. 골목길도 깨끗했고 슈퍼마켓 등의 편의시설도 잘 갖춰져 있었다. 기분이 좋아진 홍 대리는 벌써 자기가 이 동네 주민인 것처럼 느껴졌다.

홍 대리의 이런 노력은 결코 헛되지 않았다.

"김지연 씨 1억 2115만 원, 홍경택 씨 1억 2688만 원, 김성규 씨 1억 2885만 원. 2014타경 ○○○○호 사건. 최고가 매수인은 김성규 씨입니다. 김성규 씨는 앞으로 나와서 낙찰영수증 받아가세요."

197만 원! 아슬아슬한 차이로 이번에도 낙찰을 받지 못하고 떨어졌다. 보증금을 돌려받고 법원을 나오는데, 처음 입찰을 하던 날처럼 부끄럽지도 실망스럽지도 않았다. 오히려 점점 고지가 보이는 것 같아 괜스레 기분이 좋아졌다. 두 번째 입찰한 것치고는 낙찰가와도 얼마 차이가 나지 않은데다, 우려하던 실수도 하지 않았기 때문에 홍 대리는 실패라고 생각하지 않았다. 그는 이 정도면 자신이 점점 발전해가고 있는 것이라 믿었다. 이대로라면 세 번째에는 분명 낙찰받을 수 있을 거라는 자신감도 생겼다.

Secret Note 홍 대리의 경매 노하우2

▶ 현장 임장 시 꼭 확인해야 할 사항

1. 물건 탐색
일반적으로 물건 탐색이야 인터넷이나 정보지로 선택만 하면 된다는 가벼운 것으로 생각하는 경우가 많다. 하지만 물건 탐색만큼 중요한 게 없다는 것을 경매에 몇 번 참가한 경험이 있는 사람이라면 누구나 알 것이다. 물건 탐색에 있어서 물건의 가격이나 용도만 관심을 기울이지 말고 현재 나와 있는 자료를 토대로 세부사항을 살펴봄으로 많은 시간손실을 줄이면 알찬 경매입찰을 할 수 있다.

2. 관공서 서류조사
관공서를 통해서는 각종 공부상 서류를 발급받는 것만이 아니라 대상물건에 대한 민원사항까지 확인할 수 있다.
- 법원: 감정평가서, 집행관의 현황평가서, 매각물건명세서
- 등기소: 토지, 건물 부동산등기부등본
- 구청: 토지대장, 건축물대장, 토지이용계획확인원
- 동사무소: 임차인 전입여부확인(입찰 예정 물건 경매정보 프린트물 및 신분증을 지참)

3. 주위 환경 및 입찰 물건 상태 확인
현재의 점유자(임차인)가 동의할 경우 내부구조를 꼼꼼히 살펴봐야 한다. 경매가 진행 중인 물건 중 관리상태가 불량한 경우도 있으며, 구입 후 개조 및 수선비용을 가늠할 필요가 있기 때문이다. 경매 물건의 특성상 일반 물건처럼 물건의 상태 등을 상세하게 조사하기엔 어려움이 있지만, 직접 노크하고 확인을 시도해서 손해 볼 것은 없다. 시도해서 실패할 경우, 연립이나 아파트의 경우 위아래 층에 양해를 구하고 내부구조를 보는 것이 좋다.

4. 부동산중개업소 방문
최소한 인근 2~3곳의 부동산중개업소를 방문하여 주변시세파악 및 매매, 전월세 거래

가능여부와 거래동향을 분석한다. 뿐만 아니라 현재의 거주자현황이나 경쟁자들을 파악할 수 있어 입찰가를 결정하는 데 크게 도움이 된다.

▶ 물건별 임장 체크 사항

1. 아파트

아파트에 관심을 갖고 있는 사람이라면 필수적으로 파악해야 할 것이 현시세다. 간혹 아파트를 낙찰받고 나서 후회하는 사람들이 있는데 그들 대부분이 정확한 시세를 파악하지 않고 대충 부동산 사이트에 올라온 가격만 참고했기 때문이다. 또한 아파트는 방향과 층에 따라 시세차이가 많이 날 수 있다. 그러므로 중개업소를 2~3군데 이상 방문하여 방향과 층별로 탐문 조사가 필수적이다. 또한 명도할 때 관리사무소와 마찰이 있을 수 있으므로 관리비 연체료는 꼭 확인해야 한다. 그리고 분양평수와 전용면적 확인 및 계단식인지 복도식인지 여부 역시 확인해야 한다. 아파트의 세대수는 단지정비가 잘된 500가구 이상의 대단지가 좋고, 소규모일 경우에는 대단지와 가까우면 유리하다. 그러나 1동짜리 아파트는 절대 피하는 게 좋다. 재건축대상 아파트가 아니라면 새로 지은 것일수록 좋고, 대지지분이 넓어야 용적률이 낮아 주거환경이 쾌적하다.

2. 다세대, 빌라

보통 빌라라고 하는데, 집주인이 한 가구당 한 명이면 다세대주택이다. 요즘 경매시장의 30퍼센트 정도가 이러한 다세대 주택이며, 아파트와 달리 환금성에 문제가 될 수 있으므로 반드시 현지 부동산의 매매정도와 임대수익을 꼼꼼히 살펴볼 필요가 있다. 또한 주변상권 및 교통여건을 면밀히 살펴봐야 하며. 역세권인가, 상권은 인접해 있는가, 버스 및 대중교통은 편리한가를 필수적으로 체크해야 한다. 그리고 다세대 주택은 노후 주택이 많음으로 유지보수 비용도 따져봐야 한다. 노후된 연립은 저렴하게 매입할 수 있지만 보수비용이 많이 들어가는 경우가 많으므로, 준공 후 10년 이상 경과된 건물은 반드시 내부답사를 해야 한다. 만약에 재개발이나 재건축을 염두에 두고 투자를 하는 사람이라면 대지지분이 많은 것이 나중에 보상을 받거나 아파트를 분양받을 때 유리하다. 실수요자는 물론이고 낙찰 후 임대를 위해서라도 생활시설이 만족스러운지 확인해야 하며, 특히 베란다 여부 및 주차 공간 등의 주변 부대시설은 꼭 확인해야 한다.

3. 근린상가

입찰을 하기 전 임대수익을 볼 것인가 매매차익을 볼 것인가를 미리 판단해야 한다. 만약 임대수익이 목표라면 어느 업종이 들어오면 장사가 잘 될 것인지를 미리 파악해 임차계획을 세워둬야 한다. 예를 들어 대상 물건 및 인근의 월임대료, 상권형성정도 및 구매력, 주변의 배후단지 조성여부와 상주인구, 교통편, 임차인들의 동향과 층별·위치별 권리금 정도와 시세는 필히 체크해야 하고, 명도소송비용과 합의비용 등까지 집중 분석해야 한다.

한번 죽은 상권은 되살아나기 힘들기 때문에 주변 상권분석은 필수 조건이다. 또한 임차인 또는 종전소유자가 설치해놓은 내부시설이 감정평가에서 제외되는 경우가 종종 있다. 때문에 낙찰 후 이 시설의 처리문제로 골머리를 썩이는 경우가 발생한다. 만약에 내부시설을 그대로 이용하려고 생각했다면, 종전 사용자가 철거하겠다고 주장하는 경우 새로운 시설비용이 막대하게 들어갈 수도 있으므로 명도할 때 시설을 이사비용으로 대처하는 방법을 구사하면 좋은 성과를 얻을 수 있다.

4. 공장(아파트형 공장)

공장은 일반적으로 기계기류를 포함하는 입찰과 불포함하는 입찰 방식이 있다. 입찰을 염두에 두었다면 공장용도를 정확히 체크하고 다른 금융업체를 통해 공장의 대출 가능성 정도 및 기계 기기류의 사용 여부를 체크해야 한다. 공장건물로 되어 있더라도 주거용으로 개조해 기숙사 및 전월세로 이용하고 있는 경우가 있는데, 이때 주택임대차 보호법의 적용을 받을 수 있으므로 공장주소로 전입이 되어 있는지 파악해야 하며, 만약 대항력 있는 임차인이 있다면 권리신고 여부를 파악하고 대처해야 한다.

또한 공장물건 중 내부기계까지 함께 평가되는 경우가 종종 있는데, 높은 가격으로 평가된 기계가 실제 사용이 불가능할 정도로 파손·부식된 경우도 있으므로 반드시 내부답사를 해야만 한다. 그리고 현재 그 공장의 용도와 공장낙찰 시 자신의 업종으로 허가를 받을 수 있는지 여부, 허가받은 면허를 승계받을 수 있는지 여부를 꼼꼼히 따져봐야 한다. 요즘 들어 임대 수익 및 매매차익을 많이 볼 수 있는 업종으로 아파트형 공장이 떠오르고 있는데 사용할 수 있는 업종(예를 들어 IT업종이나 콘텐츠 관련 업종)을 규정하기 때문에 입찰을 하기 전에 관리소나 주변 부동산을 통해 자세히 알아봐야 한다.

5. 토지, 농지, 임야

지방 토지, 농지와 임야의 경우 감정가액이 중개시장의 시세와 차이가 나는 경우가 많다. 따라서 감정가 대비 몇 퍼센트에 낙찰받을 것인가를 판단하기 이전에 현지의 거래 시세를 정확히 파악해야 한다. 예컨대 아파트는 지역별, 평형별로 시세가 정형화되어 있으나 토지, 특히 전답 또는 임야 등의 경우에는 그러한 정형화된 가격이라는 것이 없기 때문에 현장 조사 시 정확한 시세 파악이 이루어지지 않는다면 엉뚱한 시세 예측으로 일반매물가격 이상의 고가 낙찰이 될 수도 있음을 주의해야 한다. 지방토지의 경우 건물만이 아니라 수목의 소유권 여부를 확인해야 낭패를 보지 않으며, 임야를 취득하는 경우에는 임야 내에 분묘가 소재하는지의 여부를 꼭 확인해야 한다. 그 이유는 관리되고 있는 분묘가 있어 이른바 분묘기지권이 성립하는 경우에는 그 분묘를 임의로 개장하거나 이장할 수가 없기 때문이다. 또한 철탑이 지나거나 고압선이 매설되어 있는 경우에도 개발목적 취득의 경우에는 주의를 요한다. 그리고 더욱 중요한 것은 토지이용계획원에 관리지역으로 되어 있지 않은 농지와 임야는 전용허가와 형질변경이 되지 않는다는 사실이다. 또한 농지를 낙찰받으려면 농지취득자격증명의 발급여부도 미리 해당기관(면사무소)에 가서 꼭 확인해야 한다.

3장

부동산경매에 지름길은 없다

고수익의 유혹

"어? 공회전 씨!"

바이어와 상담을 끝내고 잠시 휴식을 취하던 홍 대리에게 공회전의 전화가 걸려왔다.

"어떻게 된 겁니까? 지난번 스터디 모임에도 안 나오시고. 혹시, 경매를 그만두신 거예요?"

홍 대리는 한동안 소식이 뜸했던 공회전의 근황이 궁금해서 이것저것 물었다.

"하하핫. 홍 대리님, 내일 점심식사나 같이 하죠."

"네. 좋습니다."

홍 대리는 공회전의 밝은 목소리에서 뭔가 좋은 일이 있음을 느꼈다.

"여기예요. 여기."

다음날. 공회전은 홍 대리 회사 근처의 식당에서 보자며 그를 불러냈다. 공회전은 반가운 듯 손을 흔들어 홍 대리를 맞이했다.

"잘 지내셨어요?"

"그럭저럭요."

공회전의 얼굴은 생각보다 좋아 보였다.

"요즘 좋은 일 있으세요?"

"아직 다 이야기할 단계는 아닌데……. 제가 조만간 낙찰을 받을 거 같아요."

"낙찰이요?"

"네."

홍 대리는 공회전의 말을 듣는 순간 손재물을 떠올렸다.

"혹시, 이번에 낙찰받을 물건이 그 손재물 씨가 알려준……?"

"쉿! 아직은 비밀이에요."

"정말 손재물 씨가 물건을 낙찰받아준다고 한 겁니까?"

"뭐, 손재물 선생님이 해줬다기보다 그분이 소개해준 다른 분이 어떤 물건을 추천했는데 이게 상당히 괜찮아 보이더라고요."

"손재물 씨가 직접 하는 게 아니고 다른 사람을 소개해줬다고요?"

"네. 손재물 선생님이 말씀하시기로는 이분이 우리나라 최고의 경매 전문가라고 하네요. 그래서 제가 이 물건을 꼭 낙찰받아야 겠다고 그분께 말씀드렸더니, 흔쾌히 도와주시겠다는 거예요."

공회전은 신이 나서 홍 대리에게 비밀 아닌 비밀을 털어놓기 시작했다.

"지성이면 감천이라더니. 그동안 이중생활을 하면서 눈치 보고 힘들었던 걸 여기서 다 보답받는 것 같아요. 하하하."

공회전은 정말이지 참을 수 없다는 듯 웃으며 이야기를 이어나갔다.

"조종인이라는 분인데, 손재물 선생님이 소개해줬으니 믿을 만하겠지요? 이런 분이랑 함께하는데, 당연히 낙찰받지 않겠어요? 난 왠지 벌써부터 한턱내야 할 것 같은 기분이 든다니까요. 하하하."

"그 물건을 낙찰받으면 사례비를 주는 것인가요?"

"아, 사례비요?"

"낙찰만 받으면 곧바로 1000만 원 드리기로 했어요."

"네? 1000만 원이요?"

홍 대리는 사례비가 1000만 원이라는 말에 깜짝 놀랐다. 그도 경매 컨설턴트에 대해서는 알고 있었다. 경매를 원하는 고객을 대신해서 경매를 해주고 커미션을 받는 직업이다. 경매가 인기를 끌면서 새롭게 생겨난 직종이었다.

"그럼 임장도 다 마치셨겠네요?"

"그 정도까지 진척된 건 아니고요. 뭐, 조종인 그분이 알아서 해주신다니까 그냥 믿고 있는 거지요."

"그래도 이렇게 손 놓고 있으셔도 돼요? 나름대로 시세도 알아보고 그러셔야 할 텐데. 그러다 잘못되기라도 하면……."

"에이, 재수 없게. 그런 말 그렇게 함부로 하는 거 아닙니다. 내가 두 손 두 발 다 놓고 있겠어요? 나름대로 알아보고 있는 중이지. 아, 이렇게 모른다니까. 내가 전에 그랬죠. 경매가 그렇게 어렵고 힘든 것만이 아니라고. 찾아보면 빨리 가는 길, 쉽게 가는 길이 있기 마련이에요."

"네……. 저는 그냥, 괜히 걱정이 돼서요."

"그래도 홍 대리님이 걱정해주니까 기분은 좋네요."

때마침 주문한 식사가 나왔다.

"제가 사는 거니까 맛있게 드십시오."

공회전이 호기롭게 말하며 음식을 권했다.

"홍 대리님도 신혼집 구하려면 진짜 갑갑하겠어요."

배가 고팠는지 잠시 아무 말 없이 먹기만 하던 공회전이 걱정하는 투로 말했다.

"그렇죠 뭐. 그래도 지난번 경매에서는 197만 원밖에 차이가 안 났어요."

"오, 굉장하네요. 거의 될 뻔했는데. 정말 아쉽겠네요."

"다음번에는 되겠죠."

홍 대리는 담담하게 말했다. 다시 어색한 침묵이 흐르고 두 사람은 식사를 계속했다. 그러다 공회전은 뭔가 생각이 났는지 몸을

홍 대리 쪽으로 기울이며 속삭였다.

"아, 그런데 말입니다. 홍 대리님, 혹시 투자해볼 생각 없으세요?"

"……?"

밥을 먹던 홍 대리는 뜻밖의 제안에 놀란 표정으로 공회전을 쳐다보았다.

"이번이 기회예요, 기회."

"기회요?"

"내가 이 비밀은 말 안 하려고 했는데, 홍 대리님 처지가 하도 딱해서……."

공회전은 잠깐 뜸을 들였다. 홍 대리는 말하지 않은 비밀이 또 있다는 사실에 긴장한 표정으로 공회전을 바라봤다.

"실은, 조종인님에게 들은 재개발 정보가 있습니다. 그것도 아직 발표가 되지 않은 정보랍니다."

아직 발표가 되지 않았다는 말에 홍 대리는 꿀꺽 하고 마른침을 삼켰다.

"조종인님이 주도해서 지금 몰래 매집에 들어갔답니다. 그래서 제게도 참가할 의향이 있으면 들어오라고 하더라고요. 어때요? 정말 빅뉴스 아닙니까?"

"그러니까 저보고 재개발 지역에 나온 물건에 투자하라는 거군요."

"그렇죠. 신혼집도 신혼집이지만, 이번 건 완전 노다지입니다.

생각해보세요. 재개발 발표 전이니까 그 지역 주택들은 가격이 쌉니다. 그러다 재개발 발표가 나면 두 배, 아니 세 배로 될 겁니다. 그러니 홍 대리님도 투자해보세요."

"헉, 세 배까지요?"

홍 대리는 놀란 가슴을 진정시키려고 물을 벌컥벌컥 마셨다.

"어때요, 굉장하죠?"

"네, 굉장한데요."

"홍 대리님, 저랑 같이 들어갑시다."

"지금…… 결정해야 합니까?"

"아니요. 오늘 이 자리에서 결정 안 해도 괜찮아요. 하지만 시간이 없습니다. 늦어도 다음 주까지는 결정해주셔야 해요."

"알겠습니다."

홍 대리는 공회전과의 점심이 어떻게 끝났는지도 기억 못할 만큼 정신을 차릴 수 없었다.

'두 배에서 세 배? 어떻게 하지?'

퇴근하고 집에 와서도 홍 대리는 고민에 고민을 거듭했다.

'결혼을 늦추더라도 투자해봐?'

지금 가진 돈으로 신혼집도 구하고 재개발 사업에 투자까지 한다는 것은 무리였다. 둘 중 하나는 포기해야 할 상황이다.

'정보만 확실하다면 대출을 받아서라도 투자해서 더 많은 이익을 낼 텐데. 그러면 경매를 하지 않아도 신혼집을 마련할 수 있겠지.'

홍 대리의 생각은 꼬리에 꼬리를 물고 이어지다, 급기야 대출을 받아 투자하는 고민까지 했다.

'미쳤어, 미쳤어.'

홍 대리는 고개를 흔들어 망상을 떨쳐냈다.

'경매고 주식이고 망하는 첫걸음은 욕심이야. 초심으로 돌아가야 돼.'

홍 대리는 다시 한 번 처음 경매에 임했을 때의 자세로 돌아가자고 생각했다. 마음이 정해지자 편하게 잠자리에 들 수 있었다.

서준태, 대박을 터뜨리다

> 이번 주 임시 스터디 모임 있습니다.
> 수요일 저녁 7시 30분 신촌 오디세이 호프집.
> 늦지 않게 와주세요. 못 오시는 분은 꼭 연락 바람!
> 조인구의 깜짝 발표가 있을 예정임 *^^*

 기초반 스터디 모임에 공지가 올라왔다. 모바일 커뮤니티가 만들어진 후 이렇게 수시로 공지가 올라왔다. 밥을 먹다가 휴대전화를 보며 웃는 홍 대리에게 "누구야? 여자친구?"라며 박 과장이 물었다.

 "네? 아뇨, 친구예요."

"뭐가 수상한데? 너 다른 여자 생겼냐?"

"에이, 과장님은 무슨 그런 말을! 그런 거 아니에요."

"펄펄 뛰는 거 보니까, 뭔가 있는데 뭘."

홍 대리를 놀리는 게 재미있는지 박 과장의 장난은 멈출 줄 몰랐다. 홍 대리는 더 이상 대꾸해봤자 자신에게 불리하게 돌아갈 상황이 빤히 그려져 더 이상 아무 말도 하지 않았다.

"너 요즘 경매한다며?"

박 과장의 말에 홍 대리의 간이 콩알만 해졌다. 신혼집만 낙찰받으면 다시 일에 매진하려고 했는데, 속절없이 시간만 흘러가고 있었다. 요즘 실적도 좋지 않아 회사에서 눈치가 이만저만이 아니었다.

"과장님, 그걸 어떻게……?"

도둑이 제 발 저리다고 홍 대리는 얼굴이 벌게져서 박 과장을 바라봤다.

"어이고, 경매하는 게 사실인가보네."

"……."

"얌마, 경매도 돈 놓고 돈 먹는 치열한 전쟁턴데 너처럼 순진해가지고 어떻게 하겠냐?"

"그러게요. 그래도 열심히 공부해 성공할 겁니다."

"그래, 넌 영악하지는 못하지만 끈기가 있으니까 꼭 성공할 거야."

"고맙습니다."

"어쨌든 경매는 경매고 일은 일이니까, 업무에 차질 없도록 해라."

"네. 걱정 마세요."

홍 대리는 박 과장의 격려에 기분이 좋아져서 밥을 크게 떠 입에 넣으며 대답했다.

"어머, 홍 대리님! 여기예요."

호프집에 먼저 와 자리를 잡고 있던 차승미가 홍 대리 쪽을 바라보며 손을 흔들었다. 홍 대리는 반갑게 인사하는 그녀를 보니 저절로 기분이 좋아졌다.

"일찍 오셨나 봐요. 인구는요?"

"곧 있으면 도착한대요. 오는데 차 막히죠? 장난 아니던데."

"네. 퇴근시간이라 그런지 차도 사람도 많더라고요."

"안녕하셨어요? 저 왔습니다! 일찍 오려고 했는데 조금 늦었습니다."

두 사람은 조인구가 불쑥 나타나자 깜짝 놀란 얼굴로 그를 맞이했다.

"인구야, 축하해!"

"헤헤, 운이 좋았죠 뭐."

"운이라니. 네가 열심히 했으니까 낙찰을 받은 거지."

차승미는 진심으로 조인구의 낙찰을 축하해줬다.

조인구가 이 모임을 제안한 것은 낙찰 기념이기도 했지만 스터디 모임의 단합을 위해서다. 이제 스터디 모임도 시작한 지 두 달이 넘었고, 그사이 경매수업도 끝나버렸다. 별달리 구심점이 될 만한 것이 없어서 그랬는지 슬슬 모임에 결석하는 사람들이 많아졌다. 모임이 끝나면 매번 있었던 뒤풀이도 근래 들어서는 건너뛰기 일쑤였다. 사람들을 불러 모으고 모임을 이끄는 일은 언제나 조인구가 도맡아 해왔는데, 그래서 스트레스를 많이 받았을 것이다.

"이번에 197만 원 차이로 아깝게 놓쳤다면서요?"

"아이고. 형님, 조금만 더 써 넣지. 아깝네요."

차승미와 조인구는 홍 대리가 낙찰받지 못한 것을 안타까워했다.

"아깝긴 하지만 그것도 실력이죠."

"그래도 대단하시네요. 모임에서는 별말씀도 없이 조용하시더니, 누구보다 열심히 경매를 하고 계시잖아요."

"그러게. 이제 우리가 홍 대리님에게 배워야겠어요."

"뭘요. 정작 축하받아야 할 사람은 인구죠."

홍 대리는 차승미와 조인구의 칭찬이 쏟아지자 몸 둘 바를 몰라 했다. 조인구를 축하하는 자리인데 너무 자기 이야기만 하는 것 같았기 때문이다.

"인구가 이렇게 고생하는데, 사람들이 안 나와도 너무 안 나오네요."

홍 대리는 시계를 보며 슬쩍 화제를 돌렸다. 아니나 다를까 조인구가 푸념을 늘어놓기 시작했다.

"그러니까요. 이렇게 할 거면 아예 나오질 말지. 안 그래요?"

조인구는 금세 흥분해버렸다. 홍 대리는 난감한 웃음을 짓고 있었고, 차승미는 조인구를 아이 어르듯이 달랬다.

"스터디는 계속하고 싶지만 먹고사는 일로 다들 바쁘니까 그러는 거지. 그건 인구 네가 이해해야 하는 부분이야."

"그래, 인구야. 다들 나쁜 의도를 가지고 그러는 게 아니니까."

"제가 처음부터 이런 건 아니잖아요. 매번 그러시니까."

스터디 모임 사람들 모두 조금씩 꾀를 부리고 있는 시점이었다. 특히나 조인구에게 미운털이 박힌 사람은 서준태였다. 빠질 때 연락을 주지 않는 것은 둘째 치더라도, 뒤풀이 참석도 잘하지 않는데다 늘 다른 사람이 준비해온 물건에 의견을 내놓을 뿐 자신의 물건은 가져오지도 않았다. 사실 이런저런 평계를 대지 않아도 처음부터 서준태를 탐탁찮게 생각해온 것이 가장 큰 이유였다.

"솔직히 말해보세요. 누나나 형님도 그 사람 싫으시잖아요. 아니, 스터디 모임하시는 분 중에 준태 형님 좋아하시는 분이 있긴 한가요?"

조인구의 말에 홍 대리는 고개를 끄덕였다. 사실 조인구의 말처럼 서준태를 좋게 생각하는 사람은 없었다. 그나마 그를 감싸주는 사람은 나이가 제일 많은 김현종뿐이었다. 뒤풀이 자리에 늘 불참하다시피 하는 서준태가 사람들 입에 오르내릴 때면, 김현종은 다만 친해질 기회가 없었기 때문이라며 사람들을 말렸다. 그의 말대로 친해질 기회가 너무 적었던 이유도 있지만, 확실히 서준태는 친해지기 힘든 인물이었다.

"꼭 그렇게 볼 것만은 아니잖아. 그 사람도 나름대로의 사정이 있겠지."

차승미가 뜻밖에도 서준태를 두둔하자 홍 대리와 조인구가 놀란 표정으로 그녀를 바라봤다.

"난 그냥……, 사람마다 다 가치관이 다르니까 함부로 평가하지 말자는 거지."

그래도 홍 대리와 조인구는 의심스런 눈빛으로 차승미를 뚫어지게 바라보고 있었다. 그녀는 두 사람의 시선에 얼굴이 빨개졌다.

"누나. 혹시, 준태 형님 따로 만나?"

"뭐?"

조인구의 말에 차승미는 당황한 낯빛을 감추지 못했다.

"좀 늦었습니다."

이때 서준태와 김현종이 자리로 오며 인사를 했다. 갑작스레 서준태와 김현종이 등장하자 조인구는 황급히 일어나 인사를 했다.

"아, 오셨어요."

"다른 사람들은 아직 안 오셨나 보네?"

김현종은 기분이 좋은 듯 홍 대리 일행에게 말을 건넸다.

"그러게요. 연락은 다 했는데……."

조인구는 잘 모르겠다는 듯 말끝을 흐렸다.

"우리도 왔어요."

조인구의 말이 끝나자마자 윤경선과 이정도가 들어왔다.

"안녕하세요."

사람들은 서로를 반갑게 맞이하며 근황에 대해 이야기했다. 모든 사람에게 시원한 맥주가 한 잔씩 돌아가자 조인구가 벌떡 일어섰다.

"자, 여러분. 잠깐 집중해주세요."

어수선했던 분위기가 일순간에 조용해졌다.

"보니까 공회전 형님만 안 오고 다 오신 것 같네요."

"그러네. 그나저나 깜짝 발표가 뭐야?"

불참한 공회전을 비꼬듯 말하다가 인구의 깜짝 발표가 궁금했는지, 눈을 동그랗게 뜬 윤경선이 호기심 어린 눈빛으로 조인구를 바라봤다.

"맞다! 인구가 깜짝 발표를 한다고 했잖아?"

"궁금하니까 어서 말해봐."

그제야 문자 내용을 기억한 사람들이 인구를 바라보며 재촉했다.

"에헴, 그럼 발표를 해볼까요?"

얼굴 한가득 미소를 지은 조인구는 짐짓 허세를 부리며 앉아 있는 사람들을 바라봤.

"저, 이번에 낙찰받았습니다."

"정말?"

"우와, 진짜?"

"축하해! 인구야."

조인구가 낙찰을 받았다는 사실을 발표하자 사람들은 마치 자신의 일처럼 기뻐해줬다. 조인구는 축하해주는 사람들을 바라보며 흐뭇한 미소를 지었다.

"어? 준태 씨도 이번에 낙찰받았는데."

김현종의 말에 사람들은 깜짝 놀랐다. 사람들의 시선은 일제히 서준태에게 쏠렸다. 축하를 받던 조인구는 떨떠름한 표정이었다.

"준태 씨도? 잘 됐네요. 정말 잘 됐네요."

"와, 이거 겹경사인데요."

"축하드려요."

조인구도 마지못해 축하인사를 건넸다.

홍 대리는 서준태가 부러웠다. 이 모임에서 가장 급하게 낙찰받아야 될 사람은 자신이었다. 누구보다 열심히 경매에 임했다고 생각했는데, 평소 안 좋게 생각하던 서준태가 먼저 낙찰받자 묘하게 자존심이 상했다.

"우리 똑똑한 준태 씨가 낙찰받은 건 이해가 가지만, 나이 어린 인구가 낙찰받은 건 정말 놀랄 놀자네."

윤경선은 아직도 믿기지 않는다는 듯이 조인구를 바라봤다.

"그게 말입니다……"

조인구는 자신이 낙찰받게 된 상황을 이야기하기 시작했다.

"하하하핫. 대박이다, 정말."

"나도 어처구니없는 실수를 한다는 소리를 들은 적이 있지만, 그 덕에 인구가 낙찰받을 줄은 몰랐네."

"인구야, 어쨌든 다시 한 번 축하해."

사람들은 조인구에게 다시 한 번 축하의 말을 건넸다.

"헤헤헤. 감사합니다, 감사합니다. 오늘 술값은 제가 낼 테니까 마음껏 드세요."

조인구는 기분이 좋은지 호기롭게 말했다.

"술값은 제가 내겠습니다."

조인구의 말에 가만히 앉아 있던 서준태가 나섰다.

"네?"

"한턱내고 싶어 하는 인구 마음은 알겠는데, 술값은 연장자인 내가 내지."

"싫어요. 제가 낼래요."

서로 술값을 내겠다고 버티는 묘한 신경전이 벌어졌다. 홍 대리를 비롯한 사람들은 조인구와 서준태를 번갈아 보며 두 사람의 눈치만 살필 뿐이었다.

"어허, 이 두 사람 왜 이러나. 오늘은 준태 씨가 사."

마지못해 나이가 제일 많은 김현종이 나서서 교통정리를 했다.

"……"

조인구는 못마땅한지 맥주를 벌컥벌컥 들이켰다.

"인구 자네도 낙찰을 받았지만, 서준태 이 사람이 더 크게 터뜨렸어."

김현종의 말에 조인구를 비롯한 사람들이 일제히 서준태를 바라봤다.

"이번에 낙찰받은 지역이 재개발된대요. 그래서 가격이 많이 오른다는데."

"진짜요? 준태 씨는 운도 좋으시다. 정말 부럽네요."

"그러게요. 진짜 타고난 운이 있나 봐요."

윤경선과 차승미가 부러워하는 표정으로 말했다.

"우와, 대단하신데요. 어떻게 했기에 그런 물건을 잡은 거예요? 저도 비법 좀 가르쳐주세요."

서준태와 기 싸움을 벌이던 조인구마저 존경스럽다는 듯 호들갑을 떨었다.

"자자, 술 한잔하면서 서준태 씨의 비법을 들어봅시다."

김현종이 술잔을 들고 건배를 제의했다.

홍 대리는 서준태가 자랑하는 것이 보기 싫었다. 하지만 그가 순전히 운으로만 낙찰에 성공했으리라고는 생각하지 않았다. 홍 대리도 뭔가 그만의 비법이 있을 것이라는 생각이 들었다.

자기가 사는 동네부터 둘러보자

"잠깐 화장실 좀 다녀와서 말씀드리겠습니다."

서준태가 화장실을 가기 위해 몸을 일으켰다.

"그럼 저도……."

홍 대리도 서준태를 따라 자리에서 일어났다. 그와 서준태는 자연스럽게 화장실을 같이 가게 되었다.

"홍 대리님."

볼일을 보고 있던 서준태가 그에게 말을 걸었다.

"네."

"차라리 살고 계시는 동네나 그 근처에서 나온 물건을 중점적으로 살펴보시는 게 어떨까요?"

"예?"

"이제까지 낙찰을 못 받고 계시잖아요."

서준태의 말에 홍 대리의 표정이 굳어졌다.

"살고 계신 지역이면 알고 있는 것도 많고, 그런 물건을 보면 자신감도 더 생겨서 금세 성공하실 텐데."

홍 대리는 서준태의 충고에 기분이 상했지만 티를 내지 않으려 노력했다.

"사시는 동네 쪽으로만 해서 물건을 찾아보세요. 관리하기도 편하고, 수익을 내는 것도 그리 어렵지 않을 테니까요."

"……조언 감사합니다."

홍 대리는 자존심이 상하는 걸 꾹 참으며 겨우 고맙다는 말을 했다.

"그럼."

서준태가 화장실을 나간 뒤에도 홍 대리는 한동안 움직일 수 없었다.

'두고 보자. 내가 꼭 좋은 물건을 낙찰받아 성공해주마!'

그의 머릿속은 하루빨리 좋은 물건을 낙찰받아 서준태의 코를 납작하게 만들어줄 생각뿐이었다.

'이럴 줄 알았으면 공회전의 제안을 받아들이는 건데.'

홍 대리는 갑자기 공회전의 제안이 생각났다. 곰곰이 생각해보니 공회전과 같이 만났던 손재물의 공격적 경매 방식도 틀린 것은 아니었다.

'하지만 손재물 말대로 하려면 강제집행도 해야 하잖아?'

생각이 여기에 미치자 수연의 얼굴이 떠올랐다. 그녀가 경매를 허락해준 조건은 강제집행을 절대 하지 말라는 것이었다.

'수연과의 약속을 어길 순 없지.'

급할수록 돌아가라는 말도 있다. 서준태의 충고에 잠시 흥분했던 홍 대리는 수연의 말을 생각하며 마음을 가라앉혔다.

"준태 씨, 어서 이야기 좀 해보게. 어떻게 그 지역을 알게 되었지?"

홍 대리가 화장실에서 돌아와 자리에 앉자 김현종이 말을 꺼냈다.

"네, 이번 성공은 모두 임장 덕분이라고 할 수 있습니다. 무엇보다 낙찰받은 물건이 제가 살고 있는 동네에 있어서 시간 날 때마다 가서 살펴봤습니다. 여러 사람들한테 이런저런 이야기도 들을 수 있었고요."

홍 대리도 술을 한 모금 마시며 서준태가 하는 말을 경청했다.

"이런 게 얼마나 도움이 될지 모르겠지만, 저는 야생화님 강의를 들으면서 부동산중개업을 하는 분들과 인맥을 쌓으라는 말이 특히 마음에 와 닿았습니다. 그래서 정말 그렇게 했고, 그러다 보니 잘 풀린 것 같습니다."

"……?"

"그게…… 다예요?"

이정도가 서준태에게 물었다.

"임장을 갈 때마다 부동산중개업을 하는 분들에게 따로 인사도 드리면서 친분을 만든 거지. 처음엔 그분들이 이 사람은 뭐하는 사람인가 오해했다네. 도대체 뭐하는 사람이기에 매번 올 때마다 음료수나 과일을 사가지고 오는지."

김현종이 나서서 아는 척을 했다.

"제가 인사만 드린 건 아니고. 이것저것 질문도 했죠. 이 지역의 호재는 없는지, 개발 가능성은 어떤지요. 그러다 동네에서 제가 낙찰받은 물건을 중개해주셨던 분이랑 많이 친해졌어요."

어느새 사람들은 서준태가 하는 이야기에 푹 빠져 있었다.

"그런데 그분이 ○○지역이 곧 재개발될 것 같다는 이야기를 넌지시 해주시더라고요. 정말, 넌지시."

"그 말만 믿고 하신 거예요?"

잠자코 있던 조인구가 의아하다는 듯이 물었다.

"아니지. 서울시 홈페이지에 들어가서 개발계획이 있는지, 어떤 공사들을 계획하는지 알아봤고, 구청장의 공약사항도 면밀히 분석했어. 그리고 그 지역으로 임장을 열심히 다녔지. 그러다 좋은 물건이 나온 거야."

"그래도 어떻게……."

이정도는 서준태의 이야기가 믿기지 않는지 의문을 갖는 듯했다.

"그분하고 알고 지낸 지는 한 반년 정도 돼요. 인간적으로 친해지기도 했고요. 제가 임장하러 갈 때 가끔 같이 가주시기도 하고, 그분이 물건 보러 가실 때 제가 따라다니기도 했어요."

"반년씩이나? 뭘 보고 그렇게 한 거예요?"

"어떤 기준으로 사람을 사귀는 건데?"

여기저기서 질문들이 쏟아졌다.

"기준이 있다기보다 성실하게 답변해주시는 분들에게 더 다가가기가 쉬워서 그렇게 한 거예요. 그리고 사람을 사귀려면 우선 제 진심부터 보여드려야 한다고 생각했어요. 그래서 그만큼 더 노력한 거고요."

"제 말이 그거예요! 준태 씨가 절대 운이 좋아 그렇게 수익이 많이 나는 물건을 낙찰받은 게 아니었다니까요. 우리가 잘 몰라서 그렇지 얼마나 준비하고 노력했겠어요. 이번 임장이나 인맥 쌓는 것만 봐도 그렇잖아요. 부동산중개업을 하는 분들한테 무시당한 일도 많았을 텐데……. 전 준태 씨가 그래도 포기하지 않고 매번 갈 때마다 인사드렸다는 게 신기해요."

차승미의 말에 사람들은 저마다 고개를 끄덕였다. 홍 대리도 신기하다는 듯이 서준태를 쳐다보았다. 원래 저런 사람이었나 싶은 생각이 들었다.

"그리고 이 자리에 계신 여러분에게 고개 숙여 죄송하다는 말씀을 드리고 싶습니다. 제가 지난번 우연히 승미 씨를 만나서 이런저런 이야기를 들었는데, 제가 너무 잘못했구나 싶은 생각이 들더라고요. 경매 물건 보러 다닐 때는 그렇게 적극적으로 사람을 사귀었는데, 정작 같이 공부하는 분들한테는 너무 무심했던 것 같아요. 정말 그럴 의도는 아니었는데……."

"누나! 따로 만난 것 맞죠?"

조인구가 흥분하면서 차승미에게 소리쳤다.

"그건 인구 네가 준태 씨를 워낙……."

차승미는 차마 다음 말을 잇지 못하고 조인구와 서준태를 번갈아 봤다.

"오해하지 마. 그야말로 우연히 길에서 만난 거니까."

의심의 눈초리로 자신을 보는 조인구를 향해 차승미가 단호하게 말했다.

"그냥 우연히 만나서 이야기를 했을 뿐입니다."

서준태도 차승미를 두둔해줬다. 서준태까지 정색하고 나서자 조인구도 더 이상 그녀에게 장난을 치지 못했다.

"그때 이런저런 이야기를 하다가 준태 씨가 우리 스터디 모임에 좀 소홀하신 것 아니냐고 물어봤더니 이번에 낙찰받은 물건 때문에 그동안 신경 쓰지 못했다고 하시더라고요. 어쨌든 저도 그날 이야기 듣고 조금은 준태 씨를 이해할 수 있었어요"

"저 역시 승미 씨 이야기를 듣고 많이 반성했습니다."

"반성 좀 많이 하셔야 돼요. 어린 인구 맘이나 상하게 하시고."

차승미가 장난스럽게 혀를 끌끌 차며 이야기했다.

"누나, 그런 거 아니에요. 저는 다만……."

"네, 저도 압니다."

서준태도 활짝 웃으며 인구를 안심시켰다.

"농담이야, 인구야. 준태 씨 하고 이야기하다 보니까 우리가 그동안 너무 경매에만 신경 쓰지 않았나 싶은 생각이 들더라고요. 서로에 대해서는 전혀 모르는 것 같고. 그러니까 자꾸 오해가 생기고 편견이 생기는 것 같아요."

"나는 승미 씨 말에 전적으로 동의하네."

잠자코 있던 김현종까지 한마디 하며 거들었다.

서준태와 조인구의 낙찰 소식은 스터디 모임에 중요한 사건이었다. 야생화에게 배운 것을 기본으로 해서, 각자의 방법으로 경매에 도전했지만 그동안 아무도 낙찰받지 못했다. 이런 상황에서 서준태와 조인구의 낙찰 소식은 스터디 사람들에게 가뭄의 단비였다.

"참, 제가 저번에 현종 형님이 입찰하셨다는 물건에 대해서 살펴본 적이 있습니다."

서준태의 이야기에 김현종이 눈을 반짝였다.

"아니, 그걸 왜……?"

"일부러 찾아서 본 건 아니었어요. 제가 정리하는 습관이 좀 심해서, 우연히 현종 형님이 가져오셨던 자료들을 쭉 보게 됐어요. 근데 너무 안전한 가격만 써내시는 것 같아요. 이게 가격을 낮게 쓰신다는 이야기인데, 수익을 너무 높게 잡으시는 건 아닌가 해서요."

"솔직히 내 입장에선 공격적인 투자가 어려운 건 사실이지. 나야 노후자금으로 경매를 하고 있으니까. 그래서 자꾸만 안전하게 가는 거지."

"부동산투자는 현재가치와 미래가치를 같이 살펴봐야 합니다. 그런데 현종 형님은 현재가치만 보고 입찰가를 산정하신 겁니다. 다른 사람들이 형님보다 입찰가를 높게 쓴 건 미래가치도 함께 봤기 때문입니다."

"그렇군. 미래가치도 봐야 하는군."

서준태의 말에 김현종은 고개를 끄덕였다.

"내 물건도 좀 봐줘요."

"저도요."

윤경선과 이정도가 자료를 내밀며 서준태 옆으로 왔다. 홍 대리와 차승미는 두 사람을 위해 자리를 비켜줬다.

"이야, 대단하네요."

홍 대리는 사람들과 이야기하는 서준태의 모습이 부러운 듯 나직히 말했다.

"부러우신가 봐요?"

그가 서준태를 좋게 보지 않는다는 것을 아는 차승미가 조심스럽게 물었다.

"솔직히 부럽죠. 하지만 보기 좋은 모습이기도 해요."

"……?"

홍 대리는 차승미를 바라보며 미소를 지어 보였다. 첫 경매수업부터 서준태가 주는 것 없이 싫었지만 지금은 그렇지 않았다. 그도 자신과 마찬가지로 열심히 사는 소시민 중의 한 사람이라는 것을 느꼈다. 성격은 까칠하지만 어찌 보면 홍 대리보다 더 열심히,

열정적으로 경매에 임하는 사람인 것 같았다. 홍 대리는 서준태와 친구가 될 수 있을 것 같았다.

"자! 준태 씨와 막내 인구의 낙찰 성공을 기념해 거국적으로 건배 한 번 합시다. 홍 대리님 하고 승미 씨도 이리 오세요."

김현종이 술잔을 들어 건배를 제안했다.

"우리의 미래를 위하여!"

"위하여!"

때늦은 후회

낙찰 축하식을 마치고 집으로 가는 홍 대리는 마음이 편치 못했다.

'서준태도 그렇게 노력하는데…….'

조인구의 행운도, 서준태의 치밀함도 없다는 사실이 자신을 한없이 초라하게 만들었다.

'내가 잘하고 있는 걸까?'

그는 경매를 시작한 후 처음으로 자신의 노력에 대한 한계를 느꼈다. 이때 홍 대리의 전화가 울렸다.

'또 무슨 일이지?'

홍 대리는 지난번 만난 후 연락이 없던 공회전에게 전화가 오자 궁금증이 일었다.

'낙찰이라도 받은 건가?'

낙찰받으면 연락하겠다고 말했지만 그가 진짜 연락할 줄은 몰랐다. 홍 대리는 공회전의 전화를 받기 싫었다. 공회전은 왠지 정직하지 못한 것 같았다. 그가 사는 방식이 틀렸다고 할 수는 없지만 자신과 맞지 않는 것은 확실했다. 솔직히 말해 공회전이 이번 물건에 성공했다면 겨우 다잡아놓은 마음이 심하게 흔들릴 것 같았다. 다시 전화가 울리기 시작했다. 역시 공회전이다. 홍 대리는 받지 않으려고 휴대전화를 주머니에 넣었지만 진동은 쉽게 끝나지 않았다. 그는 깊은 한숨과 함께 결국 전화를 받았다.

"여보세요."

"홍 대리님?"

"네."

"혹시, 지금 만날 수 있어요?"

"지금요? 벌써 11시가 다 돼가는데요?"

다짜고짜 시간 있냐면서 지금 만나자고 말하는 공회전의 말에서 다급함이 느껴졌다. 자신이 낙찰을 받았다며 자랑을 늘어놓을 것이라 예상한 홍 대리는 조금 당황했다.

"공회전 씨, 무슨 일 있으세요?"

"······."

공회전은 말이 없었다.

"제가 내일 점심 때 시간을 내겠습니다. 내일 만나요."

홍 대리는 공회전에게 뭔가 심상치 않은 일이 벌어졌다는 것을 직감했다. 그래서 안심시키는 게 우선인 것 같아 내일 만나자고 제안했다.

"아, 알겠습니다."

공회전은 안타까운 듯 말을 더듬으며 전화를 끊었다. 홍 대리의 걱정은 더욱 커졌다.

"여기에요, 여기."

점심시간. 식당 입구로 들어온 공회전이 홍 대리를 발견하고 빠른 걸음으로 다가왔다. 홍 대리는 그의 모습을 보고 깜짝 놀랐다. 자신만만해하던 표정은 오간데 없고, 하루아침에 10년은 늙어버린 얼굴이다.

"공회전 씨! 괜찮으세요?"

홍 대리는 앞에 앉은 공회전을 바라보며 걱정 어린 목소리로 물었다.

"홍 대리님!"

공회전은 울 것 같은 표정으로 고개를 푹 숙였다.

"공회전 씨, 왜 그러세요?"

갑작스런 공회전의 태도에 홍 대리는 당황했다.

"지난번에…… 곧 낙찰받을 거라고 했던 이야기 기억나시죠? 조종인이라는 사람이 소개해줬다는 물건 말이에요."

"당연히 기억하고 있죠."

"그 물건을 제가 며칠 전에 낙찰받았거든요."

"그래서요?"

역시 홍 대리의 직감대로 조종인과의 거래에 뭔가 문제가 생긴 것 같았다.

"그래서 어제 오전에 그 집에 처음 가봤는데, 글쎄 전혀 팔리지도 않을 자리에 세도 내놓지 못할 집인 거예요……."

공회전도 자신의 잘못을 인정하는지 말끝을 흐리며 고개를 푹 숙였다.

"옛? 임장을 어제 처음 가봤다고요?"

홍 대리는 그동안 임장을 하지 않았다는 공회전의 말이 믿기지 않아 그를 다시 한 번 쳐다보았다. 경매를 하려면 임장에 목숨을 걸어야 한다고 야생화가 몇 번이나 강조하지 않았던가! 홍 대리 자신도 경매를 하면 할수록 임장의 중요성을 뼈저리게 느끼고 있었다. 그런데 어떻게 임장을 가지 않을 수 있단 말인가.

"물건 상태는 어떻던가요? 집 안은 보셨나요?"

"아휴, 말도 마세요. 빌라 지하인데, 바닥에서 물이 올라오는지 출입구에 물이 흥건해요. 윗집에 물어보니 누수와 습기가 심해서, 몇 년 전부터 사람이 살지 않았다는군요. 그리고 부동산 몇 군데 알아봤더니 재개발 소문은 다 거짓이라네요. 누군가 장난친 거라고……."

공회전은 금방이라도 울 것 같은 표정으로 억울함을 호소했다.

"조종인이라는 사람에게 전화는 해봤어요?"

"그 인간은 전화도 안 받아요."

"손재물 그분하고는 통화해보셨어요?"

"아뇨, 그 사람도 전화가 안 돼요."

홍 대리는 어이가 없었다.

"아참, 사례비! 사례비를 드리려면 다시 만나야 하지 않습니까? 언제 만나나요?"

"낙찰받자마자 드렸습니다. 그게 정말 좋은 물건이라고 해서……. 저도 기분이다 싶어 그 자리에서 1000만 원을 드렸지 뭐예요."

"허어……."

이건 당해도 단단히 당한 것 같았다.

"문제는 그 집이 아니에요."

"예? 이거보다 더 중요한 문제가 있단 말이에요?"

"……재개발된다는 ○○동 물건에 투자한 거요."

고개를 푹 숙인 공회전이 힘겹게 말을 꺼냈다.

"서, 설마 거기에다가도 투자를 한 겁니까?"

홍 대리는 자신도 모르게 큰 소리를 내고 말았다.

"손재물 그 사람을 정말 믿었고, 그래서 조종인이라는 인간도 믿었습니다. 컨설팅을 해줄 때 정말 친절했거든요. 그래서 믿었습니다."

공회전은 홍 대리의 얼굴을 똑바로 못 보겠는지 고개를 돌려버렸다.

"재개발 사업에는 얼마나 투자했는데요?"

"……5000만 원이요."

"……!"

홍 대리는 너무 놀라서 입만 벌어질 뿐 아무 말도 나오지 않았다.

"제가 눈이 뒤집혔나 봅니다. 이제 어떡하죠?"

공회전은 거의 울 것 같은 목소리였다. 홍 대리는 우선 공회전을 안심시켜야 한다고 생각했다.

"침착하세요. 이럴 때일수록 침착하셔야 해요. 사무실이 어디입니까? 같이 가봐요."

"정말 그래 주실 수 있으세요?"

"제가 회사에 잠깐 들렸다 올 테니까, 여기 계세요."

공회전을 남겨 두고 회사로 돌아가는 홍 대리는 상심한 그가 당장이라도 무슨 일을 벌일 것만 같아 불안했다. 홍 대리는 박 과장에게 급한 일이 생겼다고 이야기하고 서둘러 회사를 나왔다.

소개해준 것도 죕니까?

"여긴 벌써 텅 비었어요."

홍 대리는 공회전과 함께 명함에 적혀 있는 조종인의 사무실로 달려갔다. 그러나 예상대로 사무실은 이미 텅 비어 있었다.

"아……."

공회전은 울음을 터뜨릴 것 같은 표정으로 홍 대리를 바라봤다.

"이렇게 된 이상, 조종인을 소개시켜준 손재물 씨를 찾아가볼 수밖에 없어요."

홍 대리는 공회전을 따라 손재물의 사무실로 향했다. 손에서 자꾸만 땀이 났다. 자기가 간다고 무슨 큰 도움이 될까 싶었지만, 홍 대리는 이 상황이 왠지 자기 일처럼 느껴졌다. 입찰하기 전, 홍 대리는 늘 밑도 끝도 없이 두려움을 느끼곤 했다. 전혀 일어날 것 같지 않은 일이라도, 그는 자신의 무지함 때문에 누군가에게 속거나 자신의 실수 때문에 크게 손해 볼 것 같아 걱정을 많이 했다. 그런데 공회전이 이런 일을 당하니 자신의 걱정이 현실화된 것만 같았다.

"그런데 홍 대리님……."

공회전이 불안한 목소리로 홍 대리를 불렀다.

"손재물 씨가 조종인하고 한편이면 어쩌죠?"

공회전의 말에 홍 대리는 가슴이 철렁 내려앉았다. 그럴 가능성도 있기 때문이다.

"설마요……."

"맞아요. 분명 같은 편일 겁니다. 내 돈을 먹으려고 조종인하고 손재물이 짠 거예요."

"일단 진정하세요."

둘은 어느덧 손재물의 사무실에 도착했다. 홍 대리가 사무실 문을 노크하려는 순간 손재물이 문을 열고 나왔다.

"당신!"

공회전은 손재물을 보자마자 달려들어 멱살을 움켜잡았다.

"당신들 뭐야?"

손재물은 공회전에게 멱살을 잡힌 채 당황해서 소리쳤다.

"조종인 어디 있어? 당장 그 인간 있는 곳을 말해!"

"조종인이라니? 그 사람을 여기서 왜 찾아?"

"당신이 소개시켜줬잖아."

흥분한 공회전은 멱살을 잡은 손에 더욱 더 힘을 가했다.

"공회전 씨, 진정하세요. 이렇게 한다고 해결될 문제가 아니잖아요."

일이 커질 것 같아 홍 대리는 다급히 공회전을 뜯어말렸다. 그가

힘주어 말리자 공회전이 먹살 잡은 손을 놓았다.

"쿨록! 쿨록!"

손재물은 기침을 하며 숨을 몰아쉬었다.

"일단 사무실로 들어가서 이야기하시죠."

손재물은 주변 시선을 의식해서인지 두 사람을 데리고 사무실로 들어갔다.

"조종인 어디 있어? 빨리 말해! 당신 둘이 짜고 나한테 사기 친 거지!"

사무실 안으로 들어서기가 무섭게 공회전은 손재물을 몰아붙였다.

"아니, 다짜고짜 나타나서 그 사람 어디 있냐고 물어보는 건 대체 무슨 경우입니까?"

"손재물 선생님의 말씀이 맞습니다. 일단 자초지종을 차분히 말씀드려보세요."

공회전은 화를 억누르고 자신이 처한 상황에 대해 이야기하기 시작했다.

"그러니까 조종인 그 인간이 글쎄……."

그는 울먹이지 않으려고 애썼다. 홍 대리는 그런 공회전 옆에서 말문이 막힐 때마다 단어를 먼저 말해주거나 이야기를 이어나갔다. 한참을 듣고만 있던 손재물이 드디어 입을 열었다.

"그래서, 저더러 지금 어떻게 해달라는 겁니까?"

"네?"

공회전과 홍 대리는 너무 놀라 한 목소리로 되물었다.

"아니, 지금 어찌할 방법이 없잖습니까. 이미 낙찰도 받으셨는데, 이제와 어쩌겠다고 이러시는 건지 저로서는 도무지 알 수가 없네요."

공회전은 손재물의 당당한 태도에 어이없다는 표정을 지었다.

"게다가 재개발 사업 문제도 그래요. 공회전 씨가 저한테 부탁했던 건 경매에서 좋은 물건 낙찰받게 해달라는 거였습니다. 그래서 조종인을 소개해준 것뿐입니다. 즉 재개발 사업 건은 나와는 전혀 상관없는 일이라는 겁니다."

"뭐라고!"

화를 참지 못한 공회전이 벌떡 일어났다. 홍 대리가 재빨리 막지 않았다면 손재물을 주먹으로 칠 기세였다.

"손재물 선생님. 제가 한 말씀드려도 될까요?"

홍 대리는 공회전을 말리면서 손재물에게 말했다.

"말씀하세요."

"제가 알기로는 조종인이라는 사람을 선생님께서 소개해줬다고 들었습니다. 그런데 그 사람이 돈만 받고 잠적한 상황에 저희가 누굴 찾아가겠습니까. 안 그렇습니까?"

"제가 그 물건을 소개해드린 것도 아니지 않습니까. 또 공회전 씨에게 그 사람이 소개해주는 물건을 꼭 낙찰받아야 한다고 강요한 것도 아니고요. 저는 다만 그런 사람이 있다고 말씀만 드렸을 뿐이지, 그 사람과 공회전 씨가 무슨 물건을 어떻게 준비했는지 일체 아는 바가 없습니다."

"소개해주실 정도면 그 사람과 친분이 있다는 거 아닙니까!"

홍 대리의 목소리가 점점 커지고 있었다.

"그냥 얼굴 몇 번 본 게 답니다. 그리고 막말로, 입찰하기 전에 임장도 안 가보는 사람이 어디 있습니까? 그게 어디 제 잘못인가요? 이거 듣자듣자 하니까 점점 기분이 나빠지는군요."

"뭐라고? 당신 너무 뻔뻔한 거 아니야!"

홍 대리에게 붙잡혀 있던 공회전이 화를 참지 못하고 소리를 질렀다.

"손 선생님, 선생님까지 이러시면 안 됩니다. 지금 조종인은 아예 연락도 되지 않는다고요. 그럼 연락되는 번호라도 알려주세요, 네? 이건 사기사건이라고요!"

홍 대리는 다시 한 번 간곡하게 부탁했다.

"제가 아는 연락처는 공회전 씨도 아는 번호뿐입니다. 아까도 말씀드렸지만, 얼굴 몇 번 본 게 다라니까요. 소개해준 게 죄라면, 대한민국에서 안 잡혀갈 사람 없을 겁니다. 나 원 참, 기가 막혀서······."

"아니야! 당신은 조종인이 어디 있는지 알고 있어!"

공회전은 마치 미친 사람처럼 소리치기 시작했다.

"난 모른다니까! 나한테 계속 이러면 경찰을 부를 테니까 당장 나가요!"

참지 못한 손재물이 공회전과 홍 대리를 향해 소리쳤다.

"으흐흑……. 선생님, 제발 저 좀 살려주십시오……."

공회전은 고개를 숙인 채 펑펑 울기 시작했고, 손재물은 화가 났는지 씩씩거리며 고개를 돌려버렸다. 홍 대리는 도대체 이 상황을 어떻게 헤쳐나가야 할지 몰랐다. 손재물의 말이 틀린 것은 아니기 때문이다. 경매 물건에 대한 준비를 소홀히 했던 공회전의 잘못이 가장 컸고, 무엇보다 조종인의 말만 믿고 재개발 지역 물건에 투자한 것은 명백히 공회전의 실수였다.

"더 이상 하실 말씀 없으면 그만 나가주시죠."

손재물이 차갑게 말했다. 홍 대리도 더 이상 할 말이 없었다.

"홍 대리님, 이거 놔요. 저 아직 할 말이 남았단 말입니다."

홍 대리는 울부짖으며 버티는 공회전을 간신히 데리고 나왔다. 그리고 그를 비상구 계단에 앉혔다. 둘은 그렇게 한참을 말없이 앉아 있었다.

얼마나 지났을까. 공회전이 먼저 입을 열었다.

"오늘 감사했습니다. 이만 가보셔도 괜찮아요."

홍 대리는 마땅히 대답할 말이 생각나지 않았다. 하지만 그를 그냥 두고 갈 순 없었다.

"공회전 씨는요? 같이 가시죠. 어디 가서 뭐라도 먹읍시다. 식사 시간이 많이 지났어요."

"생각 없습니다. 먼저 가세요. 저는 조금만 더 있다가 일어나겠습니다."

"그래도 드셔야죠. 같이 갑시다."

"정말이지 아무 생각 없습니다. 혼자 있고 싶습니다."

고개를 숙인 채 혼자 있고 싶다고 이야기하는 공회전을 말없이 지켜보던 홍 대리는 잠시 후 자리에서 일어났다. 그는 계단을 내려가다가 안 되겠다 싶었는지 공회전을 올려다보며 말했다.

"혹시라도 제가 도울 일이 있으면 꼭 연락주세요. 절대 나쁜 생각은 하지 마시고요."

"……."

공회전은 아무런 대꾸도 하지 않았다. 발걸음을 떼기 어려웠지만 혼자 있고 싶다는 공회전을 힐끗 본 홍 대리는 조용히 그곳을 빠져나왔다.

가만히 있어도 한숨이 나왔다. 주말 내내 공회전의 일에 신경이 쓰여 마음이 편치 않았다. 몇 번 전화해봤지만 공회전은 받지 않았다. 너무 답답한 마음에 조인구에게 은근히 물어보기도 했다.

"형님, 저도 그 소문 들었습니다."

"그래? 공회전 씨가 연락을 한 거야?"

"저한테 직접 전화를 한 건 아니고, 준태 형님에게 전화를 했나 봐요. 저도 준태 형님한테 들었어요."

답답한 공회전이 여기저기 전화를 한 모양이었다.

"회전 형님이 매우 힘드신가 봐요."

"이제 어떡하냐?"

"별수 있나요. 조종인이 작심하고 투자금을 받아 잠적해버렸는데요. 현재는 조종인을 사기로 경찰에 고발하는 수밖에 없어요."

"그래, 그것밖에 없긴 하지. 하여튼 신경 써줘서 고마워."

홍 대리는 힘없이 전화를 끊었다. 공회전이 겪은 일이 남의 일 같지가 않았다. 홍 대리 자신도 그의 제안을 받고 밤새 고민했던 적이 있었기 때문이다.

'내가 만약 거기에 투자했다면…….'

홍 대리는 정말 운이 좋았을 뿐이다. 만약 공회전의 제안을 받아들였다면? 홍 대리 역시 한순간에 모든 것을 잃을 뻔했다.

> 공회전 씨, 힘내세요.
> 혹시 이야기하고 싶은 게 있으면
> 언제든 전화 주세요.

홍 대리가 공회전에게 지금 해줄 수 있는 일은 힘내라는 문자를 보내는 것뿐이었다.

수연의 선물

최근 들어 홍 대리는 의기소침해 있었다. 공회전이 당한 사기 사건 때문에 마음이 울적했고, 자신이 입찰할 만한 물건도 좀처럼 보이지 않았기 때문이다.

낙찰에 성공한 조인구와 서준태를 생각하면 괜히 비교가 되면서 조바심만 커졌다. 이러다 경매에 흥미를 잃을 것 같은 불안감이 들었다.

'이래서는 안 돼.'

이렇게 막무가내로 달려들었다가는 터무니없이 높은 가격으로 낙찰을 받을 것 같았다.

홍 대리는 당분간 경매를 그만두고 머리를 식히기로 했다. 이럴 땐 그동안 경매 때문에 소원했던 수연을 만나 이야기를 하면 마음이 풀어질 것 같았다. 그리고 보니 수연과의 데이트도 정말 오랜만이었다. 결혼을 준비한다고 하면서 정작 결혼할 당사자에게는 소홀했던 것 같아 잠시 반성을 한 홍 대리는 수연에게 전화해 약속을 잡았다.

한껏 멋을 낸 홍 대리는 현관문을 나서며 수연에게 문자를 보냈다.

> 수연아, 나 이제 출발한다.
> 금방 갈게 ♡

> 응, 오빠. ♡

날씨는 화창했다. 기분이 좋아진 홍 대리는 기다리는 시간마저 즐거웠다. 저 멀리 수연이 걸어오는 걸 본 그는 밝게 웃으며 손을 크게 흔들었다.

"오랜만이다, 그치?"

"그러게. 전화만 하다가 오랜만에 보니까 좋다."

수연도 기분이 좋은지 수줍게 웃으며 대답했다.

"날씨도 좋고, 좀 걸을까? 네가 좋아하던 카페도 이 근처잖아."

"그럴까?"

둘은 자연스럽게 손을 잡았다. 홍 대리는 마음 한구석에 쌓여 있던 불안과 긴장이 서서히 사라지는 것을 느꼈다. 그동안 이런 시간이 너무 부족했다는 생각이 들었다. 서로를 돌아보지도 못할 정도로 바쁘게 지내온 것만 같아 미안하기도 했다. 홍 대리는 오늘 수연에게 정말 잘해야겠다는 생각을 했다.

"여긴 하나도 안 변했네. 진짜 오랜만에 왔는데 말이야."

"그러게. 점점 운치 있어진다."

"저기 자리 비었다. 우리가 잘 앉던 자린데. 저기 가서 앉을까?"

"그래."

홍 대리와 수연은 고풍스런 디자인의 나무 벤치에 앉았다.

"아, 좋다."

수연은 기분이 좋은지 마냥 행복한 표정을 지었다. 아이처럼 좋아하는 그녀를 보니 홍 대리의 기분도 좋아졌다.

"참, 전에 말했던 그 말썽꾸러기는 좀 어때? 요샌 말 잘 들어?"

"더 해. 말을 배워서 그런지 말대꾸도 진짜 많이 하고. 정말 때려주고 싶을 때가 한두 번이 아니라니까."

"날이 더워서 애들이랑 씨름하려면 힘들겠다."

"이렇게 더운 날은 애들이랑 야외 활동을 못하니까 안에만 있어서 그런지 좀 갑갑해. 가을이 얼른 와야 소풍도 가고 그러는데."

"언제는 소풍 가는 게 제일 힘들다더니."

"그래도. 하도 안 나가니까 어디라도 가고 싶은 거지."

어린이집 교사인 수연의 투정 아닌 투정에 홍 대리는 슬쩍 웃었다.

"얼른 신혼집 계약해서 너랑 결혼 날짜도 잡아야 하는데……. 기다리게만 해서 미안해."

홍 대리가 수연의 손을 잡으며 말했다.

"말로만? 경매 때문에 내 속은 다 썩게 해놓고."

"정말 미안해."

"됐어. 어차피 허락했으니까 열심히 해서 좋은 결과를 가져다 달라고."

"걱정 마. 널 위해서라도 경매에 꼭 성공할 테니까."

두 사람은 손을 꼭 잡은 채 서로를 바라보며 미소를 지었다.

"참, 오빠에게 줄 선물이 있어."

"선물?"

"그런데 한 가지 약속해줘."

"이야, 이거 겁나는데. 뭔데? 우리 수연이에게 선물까지 받는데 뭘 못 들어주겠니."

홍 대리의 말에도 수연은 머뭇거리며 그의 눈치를 살폈다.

"내가 준 선물을 꼭 받아야 돼. 약속해줄 수 있지?"

"참나. 선물 받아달라고 약속해달라는 사람은 첨 봤네. 선물이 뭔데 그래?"

"약속한 거지?"

"응."

홍 대리가 고개를 끄덕이자 수연이 그의 앞으로 통장 하나를 내밀었다.

"웬 통장?"

홍 대리는 놀라며 뒤로 물러섰다. 수연은 그의 손을 잡아 통장을 쥐어주었다.

"2000만 원씩이나!"

그녀가 준 통장에는 2000만 원이 찍혀 있었다.

"이 돈을 나한테 준다고?"

홍 대리는 놀란 표정으로 수연에게 따지듯 물었다.

"오빠가 신혼집 마련하려고 경매까지 하는데, 내가 그냥 있을 수가 있어야지……."

"받을 수 없어."

홍 대리는 통장을 수연에게 다시 건넸다. 집만은 알아서 마련하고 싶었던 그는 도저히 받을 수 없었다.

"받는다고 약속했잖아."

"하지만……."

"오빠 혼자 살려고 경매를 하는 게 아니잖아. 우리 결혼해서 함께 살 집 찾는 거잖아. 앞으로 낙찰받으면 대출도 받아야 할 텐데, 그냥 이 돈 보태서 대출을 조금이라도 적게 받아 시작하자."

"수연아……."

홍 대리는 수연의 말에 코끝이 찡해졌다. 어린 시절 경험한 경매의 강제집행에도 불구하고, 돈이 부족해 경매로 집을 마련하겠다는 못난 자신을 믿어주는 그녀가 그렇게 사랑스러울 수가 없었다. 홍 대리는 수연을 꼭 껴안았다.

Secret Note 홍 대리의 경매 노하우3

▶ 초보투자자의 응찰과정 점검표

1. 취하되었는지 여부 확인
입찰 당일 응찰하기 전에 대법원이 운영하는 대법원 경매사이트로 접속하면 대한민국 모든 법원에서 진행되고 있는 경매사건에 관해 실시간으로 상세한 정보를 무료로 제공받을 수 있다. 즉 경매부동산의 취하, 변경 여부를 확인할 수 있으며 취하, 취소, 연기되었을 경우에는 법원에 갈 필요가 없는 것이다.

2. 입찰 시 필요한 서류
- 주민등록증 또는 운전면허증
- 보증금(현금이나 자기앞수표)
- 막도장
- 입찰기록 메모용 펜
- 대리 입찰 시에는 입찰자의 인감이 날인된 위임장 및 입찰자의 인감증명서 1통

3. 당일 진행확인
오전 10시에 경매법정 문이 열리면 우선 입찰법정 뒤 게시판에서 해당 경매 물건의 진행여부(변경, 연기, 취하 등)를 알아본 뒤 입찰에 응한다.

4. 입찰 안내방송
집행관이 입찰을 실시하기 전, 또는 도중에 경매에 대한 절차 해설과 입찰할 때 주의할 점, 그리고 특별매각조건이 있는 물건에 대하여 자세하게 설명을 해주니 경청하도록 한다.

5. 입찰기록 최종 확인
집행관이 경매개시 선언과 함께 물건명세기록을 열람할 수 있는데 초보자는 이때 무엇을 체크해야 하는지 몰라 우왕좌왕하게 되는 경우가 많다. 이때 반드시 확인해야 하는 것은 다음과 같다.

① 채무자, 보증인에게 적법하게 송달이 되었는가?
② 신고된 선순위 채권금액은 얼마인가?
③ 선순위 임차인의 채권액 및 배당여부는?
④ 선순위 임차인의 전입일은 정확한가?

6. 입찰표 작성투입

입찰개시 후 약 1시간이 경과하는 11시 10분까지 칸막이가 된 입찰 기재대에서 입찰서류를 작성하여 투찰함에 넣는다. 특히 주의할 점은 입찰가액은 정정하면 무효가 되므로 금액을 잘못 기재했을 경우는 새로운 입찰용지에 처음부터 다시 기재하도록 한다.

7. 개찰 실시

집행관이 차임벨을 누르며 입찰마감을 선언하면 더 이상 입찰할 수 없고 입찰자는 호명 때까지 자리에 앉아 있으면 된다. 집행관이 입찰서류를 사건번호순으로 정리하는 대로 개찰을 시작한다. 집행관은 사건번호 순서대로 입찰자들을 법정 앞으로 불러모아 개봉된 입찰표의 이름과 입찰액수를 밝히고, 입찰자 중에서 가장 높은 가격을 써낸 사람을 최고가 매수인으로 결정하게 된다. 나머지 사람들에게는 입찰표를 제외한 입찰보증금을 즉시 반환한다.

▶ 입찰서류 작성법

① 사건번호: 입찰하고자 하는 경매 물건의 사건번호를 기재한다.
② 물건번호: 해당 사건의 경매 물건이 여러 개일 경우 물건번호가 주어지는데 이를 누락하면 입찰 자체가 무효 처리될 수 있다. 따라서 물건번호가 있는 사건이라면 이곳에 물건번호를 반드시 기재해야 한다.
③ 입찰자: 입찰자가 본인이라면 본인의 성명과 주민등록번호, 전화번호를 기재하고 주소는 주민등록이 되어 있는 주소로 기재해야 한다. 만약 대리로 입찰할 경우는 대리인 칸에 대리인의 신상정보를 기재한다. 마지막으로 입찰자 성명 칸에 날인한다.
④ 입찰가액: 입찰금액은 아라비아 숫자로 기재해야 하며, 이때 입찰가액은 최저매각금액 이상이어야 한다. 만약 수정하려면 새 용지를 발급받아 기재해야 무효가 되지 않는다.

⑤ 보증금액: 최저매각금액의 10퍼센트에 해당하는 금액을 아라비아 숫자로 기재해야 한다.
⑥ 보증금 반환 칸: 낙찰이 되지 않아 입찰보증금을 돌려받을 때 기재하고 날인한다.

4장

명도, 배려와 섬김이 열쇠다

낙찰자가 보증금을 포기한 이유가 뭘까?

"어이, 홍 대리. 아까 내가 준 서류 있지? 그것 좀 다시 줘봐. 내가 빠뜨린 부분이 있는 것 같아."

"여기 있습니다."

"아까부터 뭘 그렇게 보고 있어?"

"네? 아무것도 아닙니다."

홍 대리는 보고 있던 경매 정보지를 재빨리 서랍 속에 집어넣었다.

"아직도 낙찰받지 못했어?"

"……."

"빨리 낙찰받고 업무에 집중하자고. 홍 대리, 힘내!"

"네."

박 과장은 그의 어깨를 툭 치더니 다시 자기 자리로 돌아갔다. 작게 한숨을 쉬며 업무를 시작한 홍 대리는 점심시간이 되자 서랍 속에 있던 경매 정보지를 다시 꺼냈다.

'어디 보자, 18평짜리 빌라라…….'

홍 대리는 며칠째 같은 경매 정보지를 보며 고민하고 있었다.

지역이나 평수는 만족스러운 물건이지만 딱 한 가지 마음에 걸리는 것이 있었다. 바로 20퍼센트 재경매 사건이라는 점이다. 재경매라 함은 낙찰자가 치러야 할 잔금을 내지 못해 다시 진행하는 물건을 말한다.

'흠, 평수나 가격은 괜찮은데 왜 낙찰받은 사람이 잔금을 내지 않고 포기했을까?'

홍 대리는 그 점이 자꾸 마음에 걸렸다.

'임차인 때문인가?'

그 빌라에는 현재 임차인이 살고 있었다. 그렇다면 분명 임차인 쪽에 뭔가 문제가 있기 때문에 재경매로 나온 것 같았다.

'대체 문제가 뭐지? 경매 정보지상으로는 괜찮은 것 같은데…….'

아무리 살펴봐도 어떤 이유로 낙찰자가 보증금을 포기하게 됐는지 알 수가 없었다.

'으악! 도저히 모르겠다.'

보면 볼수록 머리만 복잡해졌다.

'일단 임장부터 가보자.'

답이 보이지 않는 수수께끼를 풀기 위해서는 임장을 가는 수밖에 없었다.

다음 날, 홍 대리는 경매 물건이 있는 동네로 향했다.
'지하철역까지 걸어서 10분 거리라고 했지?'
지하철역 입구에서 막 나온 홍 대리는 지도를 보고 가는 길을 파악한 다음, 평상시 걸음으로 걷기 시작했다.
'부동산이 세 군데, 슈퍼가 다섯 군데, 의원이 두 군데…….'
그는 경매 물건이 있는 곳까지 걸어가면서 주변에 있는 병원이나 상가 등의 편의시설을 체크했다.
'저기네.'
경매 물건이 있는 골목길에 도착한 홍 대리는 시계를 봤다.
'12분 52초.'
지하철역에서 13분 정도 걸렸다. 이 정도라면 빠른 걸음으로 10분이면 충분히 갈 수 있는 거리였다. 홍 대리의 마음을 끌었던 것은 무엇보다 역세권 근처여서 교통이 편리하다는 점과 편의시설이 집중되어 있다는 점이다. 게다가 오늘 골목골목을 다니면서 보니 도로도 깨끗하게 정돈된 상태였다.
'장사할 것도 아니고, 역에서 너무 가까워도 시끄럽기만 하지. 신혼생활을 하기에는 이렇게 조용한 곳이 더 좋을 거야.'

집 주변을 돌아보면 돌아볼수록 홍 대리는 입찰할 물건에 점점 욕심이 생겼다. 하루라도 빨리 이런 물건을 낙찰받아서 수연에게도 보여주고 싶었다. 우리 집이 생겼다고 수연을 데려와 보여준다면 얼마나 기뻐할까? 생각만 해도 입가에 미소가 번졌다. 마침 부동산 업체의 간판이 눈에 들어왔다.

'지난번 같은 실수는 하지 말아야지.'

홍 대리는 야생화가 말했던 부동산 업체 공략법을 떠올렸다. 부동산에 들어가자 주인아저씨가 반갑게 맞이했다.

"어서 오세요."

"안녕하세요, 집 좀 보려고 왔는데요."

"어떤 집 보시는데요?"

"신혼집으로 쓸 건데, 방 두 개짜리 빌라 있어요?"

"아, 신혼집. 곧 결혼하시나 봐요?"

"네."

홍 대리가 수줍게 웃었다. 다행히 주인아저씨는 인심이 좋아 보여 마음이 놓였다.

"전세로 보시나요?"

"아니요, 사려고요."

"그럼 잠깐 앉으세요."

"요즘엔 집값이 어느 정도나 하나요?"

"음, 집마다 다르긴 한데요. 방이 두 개고 거실이 있는 빌라 18평(59.4제곱미터)짜리가 대개 1억 5000만 원 정도 해요."

"아, 그래요? 지금 볼 수 있나요?"

"네, 마침 나온 물건이 있네요. 제가 집 주인이랑 통화해볼 테니 잠시만 기다리세요."

홍 대리는 내심 잘됐다 싶었다. 구조는 다르겠지만 자신이 입찰하려는 물건과 같은 평수여서, 크기를 짐작하는 데 도움이 되기 때문이다.

"지금 방문해도 괜찮다는군요. 가보실까요?"

"네."

홍 대리는 흔쾌히 주인아저씨를 따라나섰다. 입찰할 물건과 꽤 가까운 곳에 위치한 건물이었다.

"여기 2층인데요, 햇볕도 잘 들고 그래서 집이 참 아늑하고 좋아요. 전에 살던 사람들도 신혼부부였다고 들었는데."

"아, 그래요?"

홍 대리는 주인아저씨를 따라 집 안으로 들어섰다. 이미 세 들어 살던 사람들이 나갔는지 집은 비어 있었다. 집은 아담하고 좋아 보였다. 주인아저씨 말대로 창문들이 커서 그런지 햇볕이 잘 들어왔고 아늑하게 느껴졌다.

"신부님도 한 번 보셔야 할 텐데. 원래 신혼집은 신부님이 더 신경 쓰잖아요."

"네, 그러게요."

"같이 오시지 그러셨어요."

"요새 일이 많아 바빠서요."

홍 대리는 대충 둘러댔다. 하지만 막상 그런 말을 들으니 수연과 함께 보는 것도 나쁘지 않겠다는 생각이 들었다. 용기 내서 말하지 않은 것이 조금 후회됐다. 이런 집을 그녀가 본다면 어떻게 반응할지도 궁금했다.

"화장실도 깨끗하고 싱크대도 아직 새것 같아요. 이런 건 신부님들이 더 좋아하시는 부분인데, 지은 지는 좀 됐어도 집주인이 워낙 관리를 잘해서 여긴 꽤 좋은 편에 속해요."

"네, 정말 좋네요."

홍 대리는 집 안 구석구석을 살피며 자신이 입찰할 물건의 내부를 상상해봤다. 그는 나중에 여자친구와 다시 찾아오겠다는 말을 하고는 주인아저씨와 헤어졌다.

'이제 물건만 확인하면 되겠어.'

홍 대리는 다시 경매 물건이 있는 쪽으로 갔다. 홍 대리는 문득 불안해졌다. 건물에 이상이 있어 재경매로 나올 가능성도 있기 때문이다. 건물에 이상이 있다면 경매 물건을 다시 찾아야 했다. 큰길에서 안쪽으로 들어오는 골목길에 위치한 4층짜리 빌라가 눈에 들어왔다. 걱정했던 것과 달리 빌라는 비교적 깨끗했다. 노후도도 그리 심하지 않아 딱 마음에 들었다.

'ㅁㅁ빌라 203호. 이번 물건은 지난번하고 달라서 은근히 긴장되는데.'

지금까지 홍 대리가 도전했던 경매 물건들은 모두 집주인이 살고 있었다. 그 집들이 경매로 나오게 된 이유는 집주인들이 집을 담보로 은행에서 돈을 빌렸는데, 이자를 연체했기 때문이다. 그래서인지 집주인들은 자신의 집이 경매로 팔리게 된 사실을 받아들이는 편이었다. 그런데 이번 물건에는 집주인이 아니라 임차인이 살고 있다. 임차인들은 집이 자기도 모르게 경매에 넘어갔다는 사실에 분노를 느끼고, 보증금을 잃을까 봐 매우 불안해한다.

'임차인이 우선순위에서도 밀리니까 속이 더 상하겠지?'

홍 대리는 경매로 나온 203호 문 앞에 섰다. 심호흡을 크게 하고는 초인종을 꾹 눌렀다.

"띵동."

"······."

"띵동, 띵동."

안에 사람이 없는지 아무런 반응이 없다.

"아무도 없나?"

사실 홍 대리는 임차인을 만나는 것이 두려웠었다. 그런데 아무도 없으니 내심 잘됐다 싶었다. 다음에 다시 오기로 하고 1층으로 내려가는데, 한 아이가 103호에 들어가려고 하는 것이 보였다.

"얘야, 잠깐만!"

홍 대리는 다급하게 외쳤다.

"누구세요?"

아이는 현관문 손잡이를 잡은 채 그를 쳐다봤다.

"집에 어른들 계시니?"

"네!"

아이는 문을 열면서 소리를 질렀다.

"엄마!"

아이가 들어가자 곧 주인아주머니가 나왔다.

"안녕하세요. 위층 203호가 매물로 나와서 좀 살펴보려고 왔는데, 아무도 안 계시네요."

"아, 203호요? 아마 병원에 갔을 거예요. 애가 아파서 병원에 입원했다고 하던데."

"아, 그렇군요. 저기……. 집 구조라도 잠깐 보고 싶어서 그러는데, 실례 좀 해도 될까요?"

홍 대리가 수줍은 듯 웃으며 부탁하자, 아주머니는 미소를 지으며 들어오라고 말했다. 그는 두리번거리며 집 안 이곳저곳을 둘러보았다.

"203호하고 이 집하고 구조가 같은가요?"

"아마 그럴 걸요."

홍 대리는 경매 정보지에서 빌라 구조도를 미리 봤지만, 103호를 직접 둘러보니 203호의 구조를 확연히 알 수 있었다. 방도 크고 거실도 주방과 떨어져 있어서 좋아 보였다.

"감사합니다."

홍 대리는 고개를 숙여 진심으로 감사 인사를 드리고 집을 나왔다. 그는 야생화에게 배운 대로 이렇게 열심히 임장하는 자신의 모습이 왠지 뿌듯하게 느껴졌다.

야생화님, 도와주세요!

임장을 다녀온 뒤에도 홍 대리는 그 빌라가 재경매로 나온 이유를 도무지 알 수 없었다.

'꼭 낙찰받고 싶은데…….'

홍 대리는 점점 애가 타 견딜 수가 없었다. 그는 서준태에게 물어보면 어떨까 싶었지만 어색한 생각이 들어 먼저 차승미에게 전화를 걸었다.

"네, 홍 대리님!"

밝고 씩씩한 목소리였다.

"승미 씨, 지금 통화 가능하신가요?"

"물론이죠. 무슨 일이세요? 저에게 전화를 다 하시고."

"물어보고 싶은 게 좀 있어서요."

"어머, 저한테요? 뭔데요?"

"……제가 입찰을 준비하는 물건이 있는데요, 아무리 봐도 문제가 뭔지 잘 모르겠어서요."

홍 대리가 어렵게 입을 뗐다.

"문제요? 문제가 없으면 좋은 물건 아닌가?"

"이 물건은 재경매 사건으로 나온 건데, 어쩌다 이렇게 된 건지 잘 모르겠어서요. 입찰을 해도 되나 불안하기도 하고요. 혹시 봐주실 수 있으세요?"

"제가요? 제 실력을 믿어주신다니 감사하긴 한데, 저보다 준태 씨가 더 낫지 않을까요? 혹시 물어보셨어요?"

"그 생각도 안 해본 건 아닌데, 그리 친하지도 않는데 묻기가 영 힘들어서요. 그래서 승미 씨한테 먼저 물어보는 겁니다."

"아, 네. 그럼 사건번호 좀 알려주세요."

"그럼 제가 문자로 사건번호 보내드릴게요. 감사합니다."

"아니에요. 이 정도는 서로서로 도와가며 해야죠. 그럼 살펴보고 제가 다시 연락드릴게요."

홍 대리는 전화를 끊자마자 차승미에게 문자를 보냈다. 경매 정보지를 얼마나 봤는지 사건번호를 달달 외울 정도였다. 마음이 한결 가벼워진 그는 차승미가 자신이 보지 못한 어떤 함정을 발견해 주기를 바랐다.

얼마 뒤 홍 대리는 문자 메시지 수신음 소리에 얼른 휴대전화를 집어 들었다.

> 오빠를 향한 소녀의 마음^^
> 안전한 대리를 원한다면~
> 070-×××-××××

스팸이었다. 그는 화가 나 전화기를 침대 위로 던져버렸다. 시간은 10시가 다 돼가는데 차승미에게서는 연락이 없었다. 홍 대리는 자기가 먼저 전화해볼까 싶었지만 보채는 것 같아서 지긋이 기다리기로 했다. 그런 그의 마음을 알았는지 마침 차승미에게서 전화가 왔다.

"네, 승미 씨!"

"어머, 목소리를 들으니 제가 너무 기다리게 했나봐요."

"하하, 아닙니다. 괜찮습니다."

"○○동에 있는 18평짜리 빌라 말씀하신 거죠?"

"네, 그거 맞습니다."

"이거 아무래도 직접 가서 알아보셔야 할 것 같은데요."

"임장은 가봤습니다. 임차인이 살고 있고, 그 집은 못 봤지만 아랫집을 보고 왔어요. 집 구조는 같다고 하네요. 건물 자체에는 문제가 없었습니다."

홍 대리는 임장에서 보고 느낀 점을 차승미에게 알려주었다.

"음, 경매 정보지상으로는 어떤 문제 때문에 재경매로 나온 건지 알 수 없을 것 같아요. 도움을 못 드려서 죄송해요."

"아니에요. 승미 씨가 죄송할 것까지야 없죠. 오히려 제 물건을 봐주셔서 고맙죠."

차승미까지 문제점을 발견하지 못하자 홍 대리는 난감해졌다. 정말 서준태라도 붙잡고 매달려야 하나 싶었다.

"솔직히 가격 면에서 도전해볼 만한 물건 같기는 해요. 놓치면 아까울 것 같던데……. 그러지 말고 야생화님께 도움을 구해보는 게 어떻겠어요?"

"야생화님이요?"

"혹시 모르니까……."

차승미도 자신은 없는지 목소리가 작아졌다.

"음……, 너무 갑작스럽지 않을까요?"

홍 대리가 풀이 죽은 목소리로 물었다.

"홍 대리님, 야생화님에게 전화 드리기 뭐하면 메일이라도 한번 보내보세요."

"메일이요?"

"네. 야생화님의 메일 주소는 문자로 알려드릴게요."

메일이라면 왠지 보내볼 수도 있을 것 같았다. 직접 말해야 하는 전화보다 부담감이 훨씬 덜했다.

"예, 알겠습니다. 승미 씨, 오늘 이래저래 감사합니다."

"아니에요. 궁금한 거 있으면 언제든 전화주세요."

홍 대리는 깜빡이는 커서를 보면서 괴로워했다. 시간은 벌써 새벽 2시였다.

'다짜고짜 도와달라고 하기도 그렇고. 뭐라고 물어봐야 하나. 내 이름은 기억이나 하고 계실까?'

하지만 홍 대리는 더 이상 물러날 곳이 없었다. 그는 자신의 얼굴을 두어 번 손바닥으로 쳤다.

'그래. 되든 안 되든 솔직하게 써보자.'

홍 대리는 그제야 야생화에게 할 말들을 적어내려 갔다.

야생화님, 안녕하세요.

저는 이번 2014년 10월에 야생화님의 기초반 강의를 들은 홍경택이라고 합니다. 카페 닉네임은 홍 대리입니다. 저는 평범한 가정에서 태어나 평범하게 성장했으며, 평범하게 직장생활을 하고 있습니다.

회사에 입사한 뒤 2년 동안 강남에 있는 고시원에서 생활했습니다. 밤마다 고시원 옥상에 올라가곤 했는데, 마주 보이는 ○○아파트 입주민들이 그렇게 부러울 수가 없었습니다. 야생화님께서도 그 마음 아시지요?

그러던 중 세상을 떠들썩하게 했던 고시원 방화사건이 일어났고, 고시원에서 생활하는 사람들의 암울한 하루를 보여주는 뉴스를 어머니께서 보셨나봅니다. 어머니는 그날 저에게 전화를 하시더니 우시더군요.

"아들, 미안하다. 정말 미안하다. 능력 없는 부모 만나서 네가 고생이 많구나."

그 말을 듣는 순간, 제 자신에게 왜 그리 화가 났는지 모르겠습니다. 학창시절, 나름대로 공부도 열심히 했고 성실하다는 소리도 많이 들었습니다. 하지만 학교 밖 사회에서는 그리 녹록치 않더군요.

사치를 하는 것도 아닌데 월 저축액은 늘 턱없이 적은 금액이었습니다. 결혼을 약속한 여자친구에게 저는 모자란 것투성이였습니다. 결혼은 현실인데, 현실적으로 무능력한 제 자신이 너무 싫었고 너무 미웠습니다.

하지만 울고만 있을 순 없었습니다. 앞만 보고 뛰기로 마음먹었습니다. 그러다가 야생화님이 쓰신 『100배의 축복』을 읽고 희망을 얻었습니다. 선생님! "해가 뜨기 직전이 가장 어둡다"라는 말이 있습니다. 제 현재의 모습을 가장 잘 표현한 글귀가 아닌가 싶습니다.

서두가 너무 길었네요. 제가 이렇게 메일을 보내게 된 것은, 신혼집을 경매로 마련해보려고 물건을 찾던 중에 입찰하고 싶은 물건이 생겼기 때문입니다. 신혼집으로 적합해 보여 욕심을 내지 않을 수 없었습니다. 그런데 한 가지 걱정되는 것은 이 집이 20퍼센트 재경매 사건으로 나온 물건이란 점입니다. 감정가 1억 5000만 원에 나온 물건이 1회 유찰되어 1억 2000만 원에 진행

되었던 물건에 누군가가 단독으로 입찰을 하여 1억 3400만 원에 낙찰되었지만, 웬일인지 낙찰자가 잔금을 치르지 못해 다시 나왔는데 두 번째 경매에서도 아무도 들어오지 않았습니다. 그래서 현재 9600만 원까지 떨어졌더군요. 어떤 문제가 있어 이렇게 된 건지 알 수가 없어 이렇게 도움을 청합니다. 사건번호는 2014타경 1234호입니다. 바쁘신 줄 알지만 행여나 시간이 되신다면 한 번 봐주세요. 처음 메일 드리면서 너무 염치없는 부탁을 드리게 되어 죄송합니다.

　환절기 감기 조심하시고, 건강하세요.

　홍경택 올림

홍 대리는 자신이 쓴 메일을 다시 읽어 봤다. 너무 두서없이 쓴 게 아닌가 걱정이 되었다. 그것보다도 야생화가 자신의 부탁을 들어줄지 의문이었다. 만약 야생화가 도와줘서 신혼집을 마련하게 된다면, 수연에게도 떳떳하게 결혼 이야기를 꺼낼 수 있을 텐데……. 홍 대리는 떨리는 마음으로 전송 버튼을 클릭했다.

"홍 대리, 정말 그냥 갈 거야?"

"죄송합니다. 진짜 중요한 약속이 있어서요. 죄송합니다."

퇴근 후 한잔하자는 박 과장의 제안을 선약이 있다는 핑계를 대고 거절했다. 홍 대리는 오늘 외근도 나가지 않은 채 수시로 메일을 확인해봤지만 야생화의 답장은 없었다. 그래서 그런지 술을 마실 기분이 아니었다. 집에 도착한 홍 대리는 혹시나 하는 마음에 가방도 내려놓기가 무섭게 컴퓨터부터 켰다.

"헉!"

수신함에 새로운 메일이 들어와 있었다. 야생화의 메일일지도 모른다는 생각에 가슴이 두근거렸다. 홍 대리는 눈을 질끈 감고 메일함 버튼을 클릭했다.

"왔다!"

홍 대리는 의자에서 벌떡 일어났다. 야생화의 답장이었던 것이다.

   안녕하세요. 야생화입니다.

   보내주신 메일은 잘 받았습니다. 어렵고 힘든 여건에서도 열심히 사는 홍 대리님의 메일을 읽으며 많은 감동을 받았습니다. 힘들고 어려워 누군가 낙심하고 있을 때, 옆에서 작은 위로를 해 줄 수 있다면 얼마나 좋을까요. 사람은 더불어 사는 것입니다. 저의 작은 도움으로 홍 대리님의 꿈을 이룰 수 있다면 최선을 다해 돕고 싶습니다.

   너무 부담 갖지 말고 연락주세요. 010-0000-0000

   부족한 사람, 야생화 올림

홍 대리는 두근거리는 마음을 주체할 수 없었다. 흔쾌히 도와주겠다는 야생화가 너무 고마웠다. 아직 어떻게 될지도 잘 모르는 상황이지만, 조금은 기대해도 되겠다는 생각이 들었다. 홍 대리는 전화를 들어 야생화의 번호를 눌렀다.

"여보세요?"

"아, 안녕하세요. 저는 어제 메일 드렸던 홍경택이라고 합니다."

전화기 너머로 야생화의 반가운 목소리가 들려왔다.

"아, 홍 대리님! 메일 잘 읽었습니다. 물건도 찾아봤고요. 홍 대리님 말씀대로 신혼집으로는 제격인 곳이던데, 지금 걱정하시는 게 20퍼센트 재경매 때문이지요?"

홍 대리는 너무 떨려서 말도 제대로 나오지 않는데, 야생화는 불쑥 본론으로 들어가버렸다.

"네. 분명 문제가 있어서 낙찰자가 잔금을 내지 못했을 텐데, 그 문제가 뭔지 도저히 찾아낼 수가 없어서요. 설령 없다고 해도 거기에 확신을 갖지 못하겠습니다."

"임장은 가보셨습니까?"

"예, 임차인이 살고 있는데 집에 아무도 없어서 집 안까지는 보지 못했습니다. 그래도 아랫집에 들어가서 구조를 살펴봤습니다. 방도 크고 거실도 넓고, 건물도 튼튼하게 지은 것 같아서 별 문제는 없어 보이던데요. 혹시 임차인 때문에 문제가 된 것은 아닐까요?"

홍 대리는 차승미에게 말했던 것처럼 임장을 다녀왔던 이야기를 야생화에게 모두 말해줬다.

"글쎄요. 6000만 원에 들어온 임차인은 대항력이 없는 후순위라 크게 문제될 건 없어 보입니다만……. 물건은 맘에 들던가요?"

"예! 이번에는 꼭 낙찰받고 싶습니다."

"좋습니다. 임장을 다녀와도 감이 안 잡히신다면 제가 한 번 임장을 가보고 더 알아보겠습니다."

"야생화님, 정말 감사합니다."

자신도 직접 알아보겠다는 야생화의 말에 홍 대리는 자신도 모르게 고개를 숙여 고마움을 표시했다.

"임장은 많이 갈수록 좋습니다. 홍 대리님도 시간이 나는 대로 계속 임장을 다녀오십시오."

"네, 알겠습니다."

드디어 경매에 성공하다

며칠 후, 야생화에게서 전화가 왔다.

"임장은 계속 가보셨나요?"

"예, 몇 번 갔다 왔습니다."

홍 대리는 그동안 시간이 날 때마다 주변 지역을 둘러봤기 때문에 자신 있게 말했다.

"그래요? 그럼 내일 한번 뵙죠."

홍 대리는 괜찮다고 대답했지만 야생화는 입찰 준비도 해야 하니 내일 보자고 했다.

다음날, 홍 대리는 퇴근 후 야생화와 약속한 장소로 향했다.

"홍 대리님!"

먼저 와 있던 야생화가 그를 향해 손을 흔들었다. 홍 대리는 꾸벅 인사를 하고는 야생화가 앉아 있는 테이블 쪽으로 성큼성큼 걸어갔다.

"늦어서 죄송합니다."

"아닙니다. 저도 방금 왔어요."

경매에 대한 이야기들은 의외로 술술 잘 풀렸다. 야생화도 그 물건을 보고 왔고 시세도 이미 알고 있었기 때문이다.

"시세 파악을 아주 잘하셨네요. 준비하느라 고생 좀 하셨겠어요."

야생화가 웃으며 말했다.

"아닙니다. 야생화님이야말로 저 때문에 괜한 고생하신 건 아닌지 모르겠네요."

"하하, 아닙니다. 저도 이러면서 공부하는 거죠. 홍 대리님이 조사하신 대로 이번 물건의 시세는 1억 2000만 원에서 1억 3000만 원 사이입니다. 지난번 낙찰가 1억 3400만 원은 시세 파악에서 문제가 있었던 게 아닌가 싶습니다. 경매를 하다 보면 이런 경우가 종종 있습니다. 물건이 좋아 보여서 높은 가격으로 낙찰받았는데, 시세가 그렇게 안 나오는 거죠. 그러면 입찰 보증금을 포기하고 마는 겁니다. 그래서 이 물건도 잔금을 치르지 못하고 재경매 사건으로 나왔을 거라고 예상합니다. 그러니 너무 걱정은 마세요."

"아, 그럴 수도 있겠네요."

야생화의 말에 홍 대리는 귀가 번쩍 뜨였다. 거기까진 차마 생각하지 못했던 것이다. 정말 그 이유였다면 이 물건은 아무런 문제도 없는, 그야말로 자신에게 딱 맞는 것이었다.

"그럼 입찰가는 어느 정도 쓰는 게 좋을까요?"

홍 대리는 목소리를 낮추며 야생화에게 물었다.

"홍 대리님 생각은요?"

"제가 가진 돈이 별로 없어서 잔금 대출을 생각하고 있습니다만, 이 물건이 재경매 사건이라서 64퍼센트까지 떨어졌다 해도, 낙찰가를 최소 70퍼센트까지는 생각하고 있습니다. 대략 1억 500만 원 정도로요."

"흠."

야생화가 경매 정보지를 보며 골똘히 생각에 잠겼다. 홍 대리는 잔뜩 긴장한 채로 생각에 잠긴 야생화를 바라봤다.

"홍 대리님과 같은 초보자들은 이 물건에 무슨 큰 문제가 있다고 생각해서 입찰을 두려워할 겁니다. 하지만 유찰이 두 번이나 되다 보니 관심을 갖는 사람들이 있을 것 같기도 하고……."

"그러면 몇 명이나 들어올 것 같나요?"

"아마 서너 명 정도는 들어오겠죠? 그러면 낙찰가가 1억 원은 넘을 것 같습니다."

"그럼 얼마를 써야 되나요?

"낙찰가를 산정할 때는 현재 시세보다 무조건 낮아야 됩니다. 그래야 곧바로 팔더라도 수익이 남게 돼요. 그러니 떨어지더라도 좋다는 생각으로 소신껏 지원하시죠!"

"네!"

홍 대리는 결심한 듯 단호하게 말했다.

"홍 대리님이 이야기한 것처럼 1억 500만 원은 넘기지 않으셨으면 좋겠습니다."

"그럼 최대 1억 500만 원까지 생각하고 있겠습니다."

"좋습니다. 입찰일은 언젠가요?"

"이번 주 목요일입니다."

"그렇군요. 잘돼서 이 집이 꼭 홍 대리님 신혼집이 됐으면 좋겠네요."

"네, 저도요. 이렇게 신경 써주셔서 감사합니다."

"너무 부담 갖지 마십시오. 제가 멘토로서 부족함을 느꼈기에 도운 겁니다."

"네?"

뜻밖의 말에 홍 대리는 의아한 표정을 지었다.

"공회전님의 일을 들었습니다."

"아!"

"저한테 경매를 배우셨는데, 제가 잘못 가르쳐서 그런 문제가 발생한 것 같아 마음이 내내 무거웠습니다."

"아닙니다, 야생화님. 그게 어떻게 야생화님 잘못입니까? 모두 공회전 씨가 욕심을 낸 결과죠."

홍 대리는 야생화를 위로했지만 그의 얼굴은 어둡기만 했다.

"제가 홍 대리님을 위해 기도하겠습니다. 입찰한 후 결과가 어떻게 됐는지 연락주세요."

"감사합니다. 꼭 연락드리겠습니다."

홍 대리는 답답했던 가슴이 뻥 뚫리는 것 같았다. 이번만큼은 정말 성공이 눈앞에서 어른거리는 듯했다. 하지만 섣부른 실수로 물거품이 되길 원치 않았다. 홍 대리는 입찰일인 목요일까지 들뜨거나 긴장하지 않도록 남은 날들의 계획을 차분히 세워나갔다.

하루가 지나고 이틀이 지나고, 드디어 결전의 입찰일이 되었다. 연차까지 쓴 홍 대리는 일찌감치 법원에 도착해 자리를 잡고 앉아 있었다.

'1억 388만 원.'

홍 대리가 입찰가로 쓴 최종 금액이다. 그는 오늘 아침까지 입찰가격에 대해 수없이 고민했다. 홍 대리는 마음을 비우고 다시 한 번 입찰서류를 차분히 살펴보았다.

'보증금 1820만 원 맞고.'

낙찰받았다가 다시 나온 물건은 재경매 사건이라 보증금은 최저매각금액 9600만 원의 20퍼센트인 1920만 원이었다. 입찰서류에 이상이 없음을 확인한 홍 대리는 입찰함 속에 천천히 입찰봉투를 넣었다. 기분은 홀가분했다. 두렵거나 떨리지도 않았다. 그는 법정 안을 빠져나와 커피자판기에서 커피 한 잔을 빼서 마셨다.

복도에 있는 사람들을 살펴보니 애를 업고 온 아줌마도 보이고, 나이가 꽤 들어 보이는 노신사도 있었다. 자신처럼 젊은 사람들도 꽤 많았다.

'저 사람들도 모두 나처럼 꿈이 있겠지? 그 꿈을 이루려고 여기 왔을 테고.'

처음 입찰할 때는 모든 사람이 경쟁자로 보였다. 하지만 그들도 나처럼 소중한 꿈을 이루려 한다고 생각하자 마음이 편해졌다.

입찰 마감 시간이 되자 집행관은 차임벨을 울린 뒤 입찰함을 개봉했다.

"2014타경 ○○○○호 강서구 화곡동 ○○아파트 101동 1004호에 입찰하신 분들 나오세요."

집행관의 말이 떨어지기가 무섭게 20여 명의 사람들이 우르르 몰려나갔다.

"헉! 어떤 물건이기에 이렇게 많은 사람들이 입찰했지?"

"임대길 씨 3억 6000만 원, 최우현 씨 3억 6600만 원, 이정희 씨 3억 6900만 원……."

집행관은 쉬지도 않고 입찰한 사람들을 호명했다.

"김형석 씨 4억 1100만 원. 4억 1100만 원보다 더 많이 쓰신 분 있으신가요? 없으면 2014타경 ○○○○호 사건 최고가 매수인은 서울시 구로구 ○○동에 사시는 김형석 씨며, 최치우 씨가 대리로 입찰을 하셨습니다."

"대리인 최치우 씨?"

"네."

"낙찰자 김형석 씨 인감증명서가 없네요?"

"인감증명서요?"

"네. 김형석 씨 대리를 하셨으니 김형석 씨의 인감증명서를 첨부했어야 하는데, 입찰서류에 첨부되지 않았습니다. 지금이라도 즉시 보정이 가능하니 제출하시죠."

집행관이 인감증명서를 제출하라고 독촉을 하자, 그 남자는 우물쭈물 거리다가 힘없는 소리로 대답했다.

"없는데요."

"네? 없다고요? 그럼 이 사건은 낙찰받은 김형석 씨를 무효처리합니다. 차순위인 이재명 씨가 3억 9300만 원으로 낙찰받으셨습니다."

대리인이 인감증명서를 제출하지 않아 무효처리되고, 차순위가 낙찰받은 것으로 되자 법정 안은 소란스러워졌다.

"조용히 하세요!"

집행관이 큰 소리로 외치자 소란스러웠던 법정 안은 순식간에 조용해졌다.

"다음 사건을 진행합니다. 2014타경 1234호 △△구 ××동 39-8번지 ㅁㅁ빌라 203호 입찰하신 분들은 모두 앞으로 나와주시기 바랍니다."

드디어 홍 대리의 차례가 되었다. 그는 천천히 일어나 앞으로 나갔다. 이전처럼 주위를 두리번거리거나 누가 나오나 기다리지도 않았다. 홍 대리 말고도 네 명의 사람들이 몰려나왔다. 가격이 워낙 떨어진 물건이었기 때문에 어느 정도 예상한 일이었다.

"박상민 씨 9888만 원, 윤완근 씨 9950만 원, 한길훈 씨 1억 268만 원, 한상남 씨 1억 350만 원, 홍경택 씨 1억 388만 원."

홍 대리는 순간 자신의 귀를 의심했다.

"2014타경 1234호 사건은 홍경택 씨가 1억 388만 원에 최고가 매수인이 되셨습니다. 홍경택 씨는 나와서 낙찰영수증 받아가세요."

홍 대리가 드디어 최고가를 써넣은 것이다.

"옛!"

그는 기분이 너무 좋아 힘껏 대답하며 앞으로 뛰어나갔다.

'드디어 내가 낙찰을 받았다!'

홍 대리는 기분이 날아갈 것만 같았다. 차순위와 겨우 38만 원 차이였다. 집행관으로부터 낙찰영수증을 받는데, 몸이 붕 떠 있는 것 같았다.

'이게 진짠가? 정말 내가 낙찰받은 거야? 정말?'

낙찰영수증을 받고서도 홍 대리는 믿기지가 않았다. 지금 당장 소리라도 질러봐야 믿을 수 있을 것 같았다. 그는 가슴이 너무 두근거려서 법정을 빠져나와 복도에 있는 간이의자에 잠시 앉았다. 홍 대리는 오늘 어떻게 여기까지 왔는지를 다시 생각해보았다. 그러자 낙찰받았다는 것이 점점 현실로 다가왔다.

'내 집이다. 내 집이 생겼어. 드디어 내 집이 생겼다고!'

홍 대리는 의자에서 벌떡 일어나 성큼성큼 법원을 걸어나갔다.

'이 기쁜 소식을 수연에게 먼저 알려야지.'

그녀의 단축번호를 누르던 홍 대리는 그 순간 도움을 준 야생화가 생각나 그에게 먼저 전화를 걸었다.

"야생화님!"

"네, 홍 대리님."

"드디어 해냈습니다. 제 집이 생겼다고요!"

야생화의 목소리를 들으니 홍 대리는 그 기쁨을 주체할 수 없었다.

"몇 명이나 들어왔습니까?"

"저까지 다섯 명이 들어왔고요, 1억 388만 원에 낙찰받았습니다. 차순위와 38만 원밖에 차이가 안 났습니다."

홍 대리의 목소리는 점점 커지고 있었다.

"정말 아슬아슬했네요. 잘하셨습니다."

"야생화님, 너무너무 감사드립니다. 정말 이 모든 건 야생화님 덕분이에요. 제가 식사라도 대접해드리고 싶습니다. 시간 되신다면 오늘이라도 당장……."

"홍 대리님."

야생화가 차분한 목소리로 홍 대리의 말을 끊었다.

"네?"

"아직 낙찰이 다 끝난 건 아닙니다. 일주일 뒤 낙찰허가가 떨어져야 끝이 납니다. 그러니 자중하고 기다립시다. 낙찰허가가 떨어진 후에 함께 식사하시죠."

"네, 알겠습니다. 그럼 저도 그때까지 자중하고 있겠습니다."

"그럼 다시 연락 주십시오. 기다리고 있겠습니다."

야생화의 말에 홍 대리의 들뜬 마음이 차분히 가라앉았다. 어떻게 보면 경매는 이제부터 시작이라고 해도 과언이 아니다. 우선 일주일 뒤 낙찰허가가 날 때까지 기다려야 한다. 홍 대리는 이제 수연에게 전화를 걸었다.

"어, 오빠."

"수연아!"

"오빠, 무슨 일 있어?"

"수연아, 놀라지 마. 나 낙찰받았다."

"정말?"

"그래! 하하하하."

"우리 오빠 짱! 오빠 정말 축하해!"

그녀는 홍 대리의 낙찰 소식에 그 누구보다 기뻐해줬다. 그의 머릿속에는 벌써부터 수연과의 행복한 결혼생활이 그려지고 있었다.

잔금을 대출받는 요령

낙찰받은 일주일 후 홍 대리는 대법원 경매 사이트에서 자신이 낙찰받은 물건의 사건번호를 입력하고 있었다. 직원들이 모두 점심을 먹으러 나간 뒤라 사무실은 텅 비어 있었다. 홍 대리는 아무도 없는데도 몸을 책상에 바짝 붙이고는 조심스럽게 다음 화면을 기다렸다.

"야호!"

낙찰허가가 떨어졌다. 홍 대리는 텅 빈 사무실에서 소리를 지르며 기쁨을 만끽했다. 그리고 곧바로 야생화에게 전화를 걸었다.

"야생화님! 오늘 저녁에 시간 어떠세요?"

야생화는 홍 대리의 목소리를 듣고 이미 짐작했다는 듯이 밝게 대답했다.

"좋지요, 좋아요. 축하합니다, 홍 대리님!"

"제가 퇴근하자마자 선생님 사무실 쪽으로 달려가겠습니다."

"네, 홍 대리님 오실 때까지 기다리고 있겠습니다."

홍 대리는 배가 고픈 줄도 모른 채 낙찰허가가 떨어진 그 화면을 보고 또 보았다.

"건배!"

홍 대리와 야생화가 맥주잔을 부딪쳤다. 단번에 맥주잔을 비운 홍 대리가 입을 닦으며 야생화에게 말했다.

"정말 고맙습니다. 뭐라고 말씀드려야 제 마음을 다 전할 수 있을지 모르겠습니다."

"무슨 말씀을요. 모두 홍 대리님이 하신 겁니다. 솔직히 차순위와 38만 원 차이라고 해서 저도 조금 놀랐습니다. 여자친구도 기뻐하시죠?"

"네, 아주 좋아합니다."

홍 대리는 술기운이 올라오는지 벌게진 얼굴로 쑥스럽게 대답했다.

"사실 제 여자친구는 처음에 제가 경매하는 걸 반대했어요. 어렸을 때 집이 경매로 넘어갔는데, 강제집행을 당한 충격이 얼마 전까지 남아 있어서 그랬습니다."

"아!"

야생화는 깜짝 놀랐는지 깊은 탄성을 내질렀다. 강제집행의 아픈 기억이 있는 야생화도 그녀의 마음을 이해하는 것 같았다.

"그래도 낙찰받았다니까 누구보다 기뻐하며 응원해주고 있습니다."

"다행입니다. 홍 대리님, 그동안 마음고생이 많았죠?"

"뭐, 고생이랄 것까지 있나요. 낙찰받고 야생화님과 통화할 때 느낀 점이 많았습니다. 아직 다 끝난 게 아니니까 자중하라는 말씀이요."

"네, 그렇습니다. 아직 명도가 남았습니다. 하지만 이제까지 잘 해왔으니 명도도 분명 잘 끝내실 겁니다."

"어휴, 아닙니다. 야생화님께서 잘 가르쳐주세요."

야생화의 칭찬에 홍 대리는 몸 둘 바를 몰라 했다.

"그런데 잔금 대출은 어떻게 할 건지 알아보셨습니까?"

"네, 이미 다 알아봤어요. 잔금 기한이 잡히면 신청하려고요."

"하하, 역시 열심히 준비하신 분답네요."

"마음 같아선 얼른얼른 끝내고 들어가 살았으면 좋겠어요."

"넉넉잡고 두 달입니다."

"넉넉잡고 두 달……."

"그럼 우리 성공적인 명도를 위해 다시 한 번 건배할까요?"

야생화가 잔을 들며 호기롭게 제안했다. 홍 대리도 허리를 꼿꼿이 세워 앉으며 잔을 높이 들었다. 두 잔이 큰 소리를 내며 부딪쳤다.

"성공적인 명도를 위하여!"

"여보세요. 대출 문제 때문에 전화 드렸는데요."

잔금 기한이 잡히자 홍 대리는 대출중개인에게 전화를 했다.

자기 자본금만 가지고 부동산경매를 하는 사람은 드물다. 대부분의 사람들은 낙찰을 받으면 대출을 받아서 부족한 돈을 메우는 방법을 사용한다. 보통 제1금융권은 대출 조건이 까다롭기 때문에 대출 한도 등이 좋은 제2금융권을 많이 이용하는 편이다.

홍 대리는 지난번 낙찰을 받고 법정을 나올 때, 야생화가 가르쳐준 대로 대출중개인들의 명함을 모두 받았고 자신의 명함도 주었다. 다음날 오후가 되자 대출중개인들에게서 대출 조건에 대한 문자 메시지가 속속 들어왔다. 홍 대리는 이를 잘 기록해놓았다가, 잔금 기한이 잡히자 조건이 좋은 대출중개인에게 전화를 건 것이다.

"2014타경 1234호인데요, 대출이 얼마나 가능한가요?"

"잠시만요. 1억 388만 원에 낙찰받으셨네요? ○○농협은 금리가 연 4.2퍼센트고, 80퍼센트까지 대출 가능합니다."

"어? 다른 쪽에서는 연 4퍼센트까지 해주던데요."

홍 대리는 은근슬쩍 다른 쪽 대출 조건을 들먹이며 금리를 낮춰달라고 했다.

"그건 좀 곤란한데요."

"이 조건보다 더 좋은 조건을 제시하시면 대출을 받겠습니다.

내일까지 연락해주십시오."

홍 대리는 더 낮게 부르고 싶었지만 야생화의 말이 떠올라 전화를 끊었다.

"대출중개인들을 상대할 때, 좋은 조건으로 해달라고 계속 부탁하는 건 좋지 않습니다. 부탁을 계속하게 되면 간혹 법무사 비용을 과다 청구하는 경우가 있기 때문입니다. 대출을 알선해주는 곳은 대부분 법무사들인데, 이들은 대출을 알선해주고 등기를 진행하면서 수익을 얻습니다."

홍 대리는 그렇게 며칠 동안 이곳저곳을 알아보았다. 그러다가 연 4.1퍼센트 대출 이자에, 낙찰가의 약 50퍼센트인 5000만 원을 대출해주는 곳으로 결정했다.

이사비가 500만 원이라니요!

"휴……."

홍 대리는 자신이 낙찰받은 203호 앞에서 잠시 숨을 가다듬었다. 그러면서 자신이 해야 할 말들을 되뇌었다. 홍 대리의 손에는 큼직한 음료수 박스가 들려 있었다. 작은 선물이라도 사가면 훨씬 부드럽게 시작할 수 있다는 야생화의 조언이었다. 홍 대리가 초인종을 누르자 안쪽에서 누군가 나오는 소리가 들렸다.

"누구세요?"

"네, 안녕하세요. 저는 이 집을 낙찰받은 사람인데요, 잠시 드릴 말씀이 있어서 이렇게 찾아왔습니다."

곧 문이 열리는 소리가 들렸다.

'떨면 안 돼. 떨면 안 돼. 얕잡아 보이면 안 돼. 정신 차리자.'

홍 대리는 재빨리 숨을 크게 들이마셨다 내쉬었다.

어떤 여자가 반쯤 열린 문 안에서 빠끔히 자신을 쳐다보고 있었다. 40대 중반의 여자는 표정이 어두웠다. 홍 대리는 최대한 자연스런 웃음을 지으려고 노력했다.

"안녕하세요? 홍경택이라고 합니다. 잠시만……."

"낙찰받으신 분이라구요?"

홍 대리의 말이 끝나기도 전에 여자가 물었다.

"네."

여자는 문을 다 열지도 않은 채 따가운 시선으로 그를 바라보았다.

"실례가 안 된다면 잠시 얘길 나눠도 될까요?"

홍 대리가 반쯤 열린 문을 잡았다. 그제야 여자가 문을 조금 더 열어 그가 들어올 수 있도록 해줬다.

"고맙습니다."

홍 대리는 조심스럽게 집 안으로 들어갔다. 집에는 여자의 남편으로 보이는 40대 중반의 남자가 앉아 있었다. 강단이 있어 보이는 인상이었지만 험상궂지는 않았다. 홍 대리는 남자 앞으로 걸어가 앉으면서 사온 음료수 박스를 놓았다.

"이 집을 낙찰받은 홍경택이라고 합니다. 처음 뵙겠습니다."

홍 대리가 남자에게 다시 인사를 건넸다.

"윤한수요."

중년의 남자가 자신을 소개했다.

"내가 이 집에서 3년 이상 살아온 사람이올시다."

윤한수가 다짜고짜 말하기 시작했다. 홍 대리는 우선 듣고 있는 것이 좋겠다는 생각이 들어 아무 소리도 하지 않았다.

"그런데 이 집이 경매로 넘어갈지는 꿈에도 몰랐소. 이제까지 나는 누구에게 해를 끼친 적도 없고, 앙심을 품어본 적도 없는 사람이오. 그런데 도대체 왜 나한테 이런 일이 생기는지……. 나 원 참."

윤한수는 화를 참는 듯 크게 한숨을 내쉬었다.

"네, 그러시군요."

홍 대리가 조용한 목소리로 차분히 대답했다.

"나는 죽어도 이 집에서 못 나갑니다. 그렇게 아시오."

윤한수는 홍 대리를 바라보며 단호하게 말했다.

"하지만 제가 낙찰받아 잔금까지 냈으므로 선생님은 이 집을 비워주셔야 합니다."

"내가 못 받은 돈은 어떡합니까. 내 돈 6000만 원은 누구한테 받습니까. 나는 그 돈 받을 때까지는 죽어도 못 나가요. 아시겠습니까?"

홍 대리의 반응이 마음에 들지 않았는지, 윤한수의 목소리가 갑자기 커지기 시작했다.

"하지만……."

"내가 그 6000만 원을 버느라 무슨 일을 했는지 알아?"

윤한수는 화를 참지 못하고 소리를 질렀다.

"내가 정말 그 생각만 하면! 당신 같으면 그런 피 같은 돈을 날리고 이 집에서 그냥 나갈 수 있겠소? 도대체가 생각을 해보란 말이야."

이제 윤한수는 반말 아닌 반말까지 섞어가면서 홍 대리에게 소리를 질렀다. 홍 대리는 무슨 말을 어떻게 해야 할지 몰라 그의 말을 계속 듣고만 있었다. 괜히 함부로 나섰다가는 일이 더 커질 것만 같았다.

"무슨 말이라도 좀 해보쇼."

"무슨 말씀을……?"

"나한테 어떻게 보상해줄지 말해보란 말이오."

"보상이요?"

"아니, 그럼 빈털터리로 날 내보낼 생각이었소?"

윤한수는 반 협박조로 나왔다.

"그런 건 아니지만. 제가 보상을 해드려야 할 의무는 없기 때문에……."

홍 대리는 최대한 차분하게 말하려고 했다. 그래야 흥분한 윤한수가 진정할 것 같았기 때문이다. 하지만 그건 어디까지나 그의 희망사항일 뿐이었다.

"당신은 우리가 딱하지도 않소? 지금 우리가 어딜 갈 수 있겠냐 말이야."

"네? 아니 그게……."

"됐어요. 다른 소리 말고, 이사비용으로 500만 원만 주시오.

"예? 500만 원이요?"

홍 대리는 너무 놀라 입이 떡 벌어졌다. 넉넉잡고 100만 원만 주면 될 것 같다고 생각했는데, 이사비용으로 500만 원이라니.

"흠흠."

여전히 입을 다물지 못한 그를 본 윤한수는 무안한 듯 헛기침을 했다. 더 이상 여기에 있어봤자 진전이 없을 것 같아 홍 대리는 자리에서 일어섰다.

"오늘은 너무 흥분을 하셔서 더 말씀드리기가 뭐하니, 나중에 다시 찾아오겠습니다."

홍 대리는 최대한 정중하게 말하려고 노력했다. 뒤쪽에 앉아 몰래 듣고 있던 여자가 뒤돌아서는 그를 보고 흠칫 놀랐다. 홍 대리는 그녀에게 가볍게 목례로 인사를 한 뒤 집 밖으로 나왔다.

'미치겠네.'

동네를 빠져나올 때까지 뛰는 가슴은 진정되지 않았다. 앞이 깜깜했다. 명도 때문에 속 좀 끓였다는 사람들의 이야기가 머릿속에서 빠르게 지나갔다. 홍 대리는 두 눈을 질끈 감았다 다시 떴다를 반복했다. 그러자 흐릿하던 시야가 점점 밝아졌다.

'우선 집으로 가자. 그리고 다시 생각해보자.'

홍 대리는 집으로 가기 위해 버스정류장으로 갔다. 정류장에서 버스를 막 타려는데 홍 대리의 전화가 울렸다. 조인구였다.

"축하해요!"

전화를 받자마자 인구가 소리를 빽 질렀다. 홍 대리는 귀가 먹먹했다.

"인구야, 내가 지금은 통화하기가……."

"나는 형이 해낼 줄 알았다니까! 차순위와 38만 원 차이라니. 와, 정말 대단해요. 이제 결혼하는 일만 남았네요?"

홍 대리는 진심으로 축하해주는 조인구가 고마웠지만 그 말이 귀에 들어오지 않았다.

"형님, 저 지금 승미 누나랑 준태 형님이랑 술 한잔 하고 있어요. 이리 올래요?"

"지금 어딘데?"

홍 대리는 꿀꿀한 기분도 달랠 겸, 스터디 모임 사람들을 만나 이야기를 나누고 싶었다. 또 낙찰을 몇 번 받아본 서준태가 이런 상황을 어떻게 헤쳐나가야 할지 알 것 같았다. 조인구에게 위치를 물어본 홍 대리는 그곳으로 향했다.

"축하해요, 홍 대리님!"

"형님, 축하드립니다."

그가 술집에 들어서자 모두 축하의 인사를 건넸다.

"응, 고마워. 고맙습니다."

어색하게 웃으며 말하는 홍 대리를 보고 눈치 빠른 차승미가 조심스레 물었다.

"무슨 일 있어요?"

"……."

막상 말하려니까 입이 쉽게 떨어지지 않았다.

"지금 명도 문제 때문에 낙찰받은 집에 갔다 오는 길인데……."

잠시 뜸을 들이던 홍 대리가 어렵게 말문을 열었다.

"어머, 임차인이 말썽이군요. 그렇죠?"

그는 말없이 고개를 끄덕였다.

"왜요? 못 나가겠다고 막 버텨요?"

"이사비용으로 500만 원을 달라네요. 그럼 나가겠다고."

"헉, 500만 원씩이나?"

다들 홍 대리의 기분을 이해할 수 있겠다는 듯 고개를 끄덕였다.

"서준태 씨."

홍 대리는 말없이 앉아 있는 서준태에게 말을 걸었다.

"낙찰을 많이 받아보셨으니 저보다 잘 아시겠죠. 이럴 땐 어떻게 해야 합니까?"

"글쎄요……. 저도 임차인 때문에 애먹은 적이 좀 있긴 합니다만."

"그래요? 그럼 어떻게 대처하셨나요?"

홍 대리는 마치 구세주를 만난 듯 반가운 표정으로 서준태에게 되물었다.

"대처라기보다 저는 거의 강제집행 직전까지 가서 해결된 적도 있었습니다. 정 안 되면 강제집행이라도 해야죠."

"강제집행이라……."

"안 돼요. 다른 방법을 찾아봐야죠. 무턱대고 그러면……."

차승미가 무슨 말을 더 하려다 말끝을 흐렸다.

"왜요? 임차인이 말도 안 되는 조건을 내걸고 끝까지 버틴다면, 강제집행을 할 수밖에 없는 겁니다. 강제집행은 낙찰받은 사람이 쓸 수 있는 마지막 카드예요."

서준태의 말은 하나도 틀린 말이 없었다. 하지만 홍 대리는 한 번도 강제집행을 생각해본 적이 없었다.

'강제집행은 절대 안 한다고 수연과 약속했어.'

홍 대리는 머릿속에 있는 강제집행이라는 단어를 없애려는 듯이 머리를 세차게 흔들었다.

"얼마짜리 임차인인데요?"

서준태가 머리를 흔드는 그를 보고 보증금을 물었다.

"6000만 원짜리 임차인입니다."

"맞다! 최우선변제금. 최우선변제금 안 나오나요?"

서준태의 의도를 미리 알아차린 듯 차승미가 홍 대리에게 물었다.

"맞아요. 최우선변제금을 받겠군요."

차승미의 질문에 홍 대리는 그제야 최우선변제금을 떠올렸다.

"배당요구는 했나요?"

"네."

"그럼 말소기준권리 날짜가 언제예요?"

서준태의 물음에 홍 대리는 가방에서 경매정보지를 꺼내 펼쳐 보았다.

"말소기준권리는 국민은행이고, 근저당 날짜가 2009년 8월 1일이니 2000만 원은 나오겠네요."

홍 대리는 좋은 수가 생겼다는 듯 표정이 밝아졌다. 최우선변제금은 배당금에서 후순위 임차인이 최우선적으로 돈을 받을 수 있는 제도였다. 서울, 인천, 안양 등 과밀억제권역은 최대 2000만 원까지 최우선변제금을 받을 수 있었다.

"그런데 그거, 낙찰자 인감증명서랑 명도확인서를 법원에 내야 임차인이 배당을 받을 수 있어요."

차승미가 설명을 덧붙였다.

"임차인에게 배당금 이야기를 해보시는 게 어떻겠어요? 잘 설득하면 될 것도 같은데. 좋은 게 좋은 거라고."

서준태가 홍 대리에게 제안했다.

"그래요. 형님, 일단 해봐요. 의외로 그런 이야기 듣고 물러서는 사람도 많아요."

가만히 있던 조인구가 서준태의 말을 거들었다.

"글쎄, 말이 영 안 통할 것 같은 사람이던데……."

"형님이 너무 어수룩하게 보인 거 아니에요?"

조인구가 그렇게 물어보자 홍 대리는 잠시 생각에 잠겼다. 정말 그런 것 같았다.

"휴, 그런 건가?"

"안 돼요, 이렇게 벌써부터 기운 빠지면. 얼굴 보고서 이야기하기 그러면 전화로 해요. 강경하게! 명도를 해줘야 배당금을 받으실 수 있다! 이렇게 이야기해요."

차승미가 무서운 표정을 지으면서 목소리 연기까지 해보였다. 조인구가 그런 그녀의 얼굴을 보며 말했다.

"그래, 저거 무섭다. 형도 한번 저렇게 해봐요."

"정말 먹힐까?"

"해봐야 알죠. 해보지 않고는 아무것도 모르는 겁니다."

서준태까지 합세해서 그를 격려하고 있었다. 그럼에도 불구하고 홍 대리는 쉽사리 확신이 서지 않았다.

강제집행의 유혹

홍 대리는 계속 전화기만 만지작거리고 있었다. 임차인에게 전화해서 최우선변제금에 대한 이야기를 해야 하는데, 어떻게 말을 꺼내야 할지가 고민이었다. 이때 손에 들고 있던 전화가 울렸다.

"오빠, 잘돼가?"

수연이가 홍 대리의 안부를 물었다.

"응."

홍 대리는 그녀에게 쓸데없는 걱정을 끼치기 싫어 대충 말했다.

"그런데 왜 그리 바빠?"

"응? 그게 무슨 말이야?"

"낙찰도 받았는데 더 만나기 어려워진 것 같아. 언니가 한번 만나고 싶대."

"아, 그래? 그럼 찾아 봬야지. 그래도 당분간은 회사 일 때문에 조금 바쁘거든. 시간이 괜찮아지면 약속 잡을게."

"응, 알았어. 너무 무리하지 말고 쉬어가면서 일해."

통화를 마친 홍 대리는 가슴이 답답해졌다. 수연의 언니 수진이 자신을 보겠다고 하는 건 아마도 결혼 날짜 때문일 것이다. 홍 대리는 수연에게 명도 과정의 복잡한 일들을 말하지 않았기 때문에, 그녀의 집에서는 홍 대리가 신혼집을 다 마련한 것으로 알고 있었던 것이다. 생각보다 일이 급하게 돌아가고 있었다.

'아무래도 전화로는 안 되겠다. 직접 만나서 이야기해야지.'

결국 홍 대리는 다시 한 번 임차인을 만나기로 결심했다.

"안녕하세요? 그때 찾아뵈었던 홍경택이라고 합니다."

초인종을 누른 홍 대리가 정중히 말했다.

"잠시만요."

경계심이 풀렸는지 여자는 지난번보다는 수월하게 문을 열어줬다.

"왜 또 왔소?"

집 안으로 들어서는 홍 대리를 보자 윤한수는 아예 시비조로 나왔다. 홍 대리는 심기가 불편했지만 설득시키려면 꾹 참을 수밖에 없었고 겸손한 말투로 이야기를 했다.

"제가 그날 말씀을 다 못 드려서 다시 찾아뵈었습니다."

"무슨 말을 못했다는 거요? 내가 듣고 싶은 것은 이사비 500만 원을 내놓겠다는 말뿐이오."

"선생님께서는 보증금 6000만 원에 대해 배당요구를 하셨습니다. 그래서 보증금 6000만 원 중 최우선변제금으로 2000만 원이 배당금으로 나오게 되어 있습니다."

"2000만 원 확실해요?"

"예. 그런데 이 배당금을 받으시려면 낙찰자인 제 인감증명서와 제가 드릴 명도확인서를 함께 내셔야 합니다.

"그래서요?"

"그런데 이렇게 턱없이 높은 이사비용을 달라고 막무가내로 버티시면 배당금을 받기 어려워지실 수 있습니다. 그래서……."

"지금 협박하는 거요?"

윤한수가 눈을 치켜뜨며 말했다.

"그래서 이사비용 500만 원을 못 주겠다는 소리요?"

"네, 500만 원은 솔직히 너무 말도 안 되는 금액입니다."

이번에는 홍 대리도 지지 않고 목소리를 높였다.

"전에도 분명히 말했지만 우린 이사비용으로 500만 원을 주지 않으면 나갈 생각이 전혀 없소. 아시겠소?"

"그럼 최우선변제금도 받고, 이사비 500만 원도 다 받겠다는 겁니까?"

"그건 알아서 생각하시오?"

홍 대리는 막무가내로 나오는 윤한수를 어이없이 바라봤다. 도저히 말로는 해결이 될 상대가 아닌 것 같았다.

'미치겠네.'

홍 대리가 걱정한 대로 배당금 이야기는 전혀 먹히지 않았다. 솔직히 임차인이 배당금 이야기를 다 이해했는지도 의심스러웠다.

임차인이 이렇게 버티면서 막무가내로 나오면 홍 대리로서는 사실상 방법이 없다. 임차인이 낙찰받은 집에서 계속 버티면서 하염없이 시간을 보내면 홍 대리는 막대한 돈을 들이고도 이 집을 사용할 수 없게 된다. 그의 입장에서는 무슨 방법을 써서라도 임차인을 이 집에서 나가게 해야 했다.

'어떻게 하지? 이렇게 시간을 계속 보낼 순 없는데.'

임차인 때문에 명도가 진행이 안 된다면 수연의 집 쪽에서도 이 사실을 알게 될 것이다. 그러면 그녀과의 결혼이 또 암초에 부딪칠 수 있었다.

'정 안 되면 어쩔 수 없죠. 강제집행이라도 해야죠.'

홍 대리는 서준태가 했던 말이 떠올랐다.

'결국 강제집행밖에 없는 건가?'

머리가 지근지근 아파왔다. 이상과 현실의 충돌이 홍 대리를 괴롭게 했다. 그렇다고 임차인이 원하는 대로 이사비 500만 원을 다 줄 수는 없었다. 현재 시세보다 싸게 낙찰받았다고 하지만, 신혼집 꾸밀 때 들어갈 비용과 지금까지 발품을 팔았던 기회비용까지 모두 합치면 500만 원이라는 이사비용은 너무 컸다.

"다시 한 번 생각해주십시오. 제가 이사비로 드릴 수 있는 비용은 100만 원까지입니다."

"계속 그럴 거면 어서 가시오!"

윤한수는 화를 내며 소리를 버럭 질렀다.

"이러시면 저도 참을 수 없습니다."

"안 참으면 어떻게 하겠다는 건데!"

"계속 이러시면 강제······."

홍 대리는 차마 강제집행이라는 말을 끝까지 잇지 못했다.

"강제, 뭐? 강제, 뭐냐고? 우리를 강제로 여기에서 끌어내겠다는 거야?"

윤한수는 벌떡 일어서더니 홍 대리의 멱살을 움켜잡았다.

"왜, 왜 이러십니까?"

"너 같은 놈은 내 집에 놔둘 수 없어. 당장 내 집에서 나가!"

그는 홍 대리의 멱살을 잡고 문 쪽으로 끌고 가기 시작했다.

"놔요! 이거 왜 이러십니까?"

홍 대리는 끌려가면서 고함을 질렀다.

"여보, 왜 그래?"

"당신은 가만히 있어!"

"이거 놓으십시오!"

거실은 삽시간에 고성이 오가는 난장판이 되고 말았다.

"으아아앙!"

이때 아이의 울음소리가 거실에 울려 퍼졌다. 아이의 울음소리에 윤한수와 홍 대리는 일순간 동작을 멈췄다.

"뭐해? 애가 울잖아!"

윤한수가 당황한 표정으로 여자에게 소리쳤다.

"으아아아앙!"

병색이 완연한 열 살 정도 돼 보이는 여자아이가 문 앞에 서서 울고 있었다.

"은혜야, 어서 안으로 들어가자."

여자는 황급히 아이를 데리고 안방으로 들어갔다.

"그만 돌아가시오."

윤한수가 홍 대리의 멱살 잡은 손을 풀었다. 그러더니 휙 몸을 돌려버렸다. 홍 대리는 어깨가 축 처진 그의 뒷모습에서 가정을 책임진 가장의 쓸쓸함을 보았다.

막무가내 임차인과의 마지막 담판

"잘 안됐나보군요."

야생화가 홍 대리에게 전화를 걸어왔다. 스터디 모임 사람들에게 조언을 구한 것이 그의 귀에 들어간 모양이었다.

"야생화님."

홍 대리는 자신도 모르게 애절한 목소리로 야생화를 불렀다.

"무슨 일인지 차분히 말해보세요."

그는 야생화에게 지금까지의 이야기를 해줬다. 자초지종을 들은 야생화가 홍 대리에게 해답을 줬다.

"이제 잔금까지 냈으니 홍 대리님은 그 집의 새 주인입니다. 그리고 현재 그 집에 살고 있는 임차인은 대항력이 없는 후순위 임차인입니다. 그러므로 홍 대리님은 법원에 인도명령을 신청할 수 있습니다. 인도명령 결정문이 나오면 결정문을 가지고 집행관 사무실에 가서서 강제집행을 신청하실 수 있습니다."

"강제집행이요?"

야생화의 입에서 강제집행이란 말이 나오자 홍 대리는 의아했다.

"아니, 강제집행 절차를 밟아도 된다는 말이에요. 강제집행을 신청하면 집행관은 그 집을 방문하여, 모월 모일까지 이사를 가지 않으면 강제집행을 하겠다는 예고장을 붙입니다. 아무리 강하게 나오던 사람들도 대부분 이 정도에서 해결되죠. 즉 강제집행을 하라는 이야기가 아니라 예고장만 붙여서 압박하라는 이야기입니다. 일반인들은 강제집행이 비일비재로 일어나는 것처럼 아는데, 대부분 이렇게 강제집행 예고장만으로도 다 해결됩니다. 그러니 절대 기죽지는 말고 명도에 임하십시오. 아셨죠?"

"네, 감사합니다."

"그리고 만약 명도 협상이 안 되면 마지막으로 이렇게 이야기하십시오."

"어떻게요?"

"배당하는 날 배당을 받지 않으시면 그 배당금 2000만 원은 법원 공탁계로 넘어갑니다. 그러면 명도가 늦어지게 되는데, 이 때문에 제가 손해 본 비용을 공탁된 배당금에 청구해서 받을 수 있습니다. 그러면 임차인은 지금보다 더 큰 어려움에 처할 수 있습니다. 그러니 원만히 해결하자라고 말해보십시오."

야생화는 이외에도 많은 조언을 해주었다. 그리고 그는 마지막 충고도 잊지 않았다.

"절대로 흥분하시면 안 됩니다. 아무리 막무가내로 나오더라도 최대한 예의를 가지고 협상하시기 바랍니다. 제가 홍 대리님에게 해줄 수 있는 말은 이것뿐입니다."

야생화와 통화를 끝낸 홍 대리는 머릿속이 맑아지는 느낌이었다.

"야생화님, 감사합니다. 정말 감사합니다."

홍 대리는 야생화에게 몇 번이고 고마움을 표했다.

다음날, 홍 대리는 퇴근하자마자 윤한수를 찾아갔다.

"안녕하세요. 몇 일 전에 찾아뵸던 홍경택입니다."

이번에도 중년 여성이 문을 열어주었다.

집안에 있던 윤한수는 못마땅한 표정을 지으며 홍 대리를 집 안으로 들였다. 홍 대리는 한숨을 쉬며, 거실 바닥에 앉아 있는 윤한수와 적당한 거리를 두고 앉았다.

"말해보시오. 할 말이 뭡니까?"

"따님 선물입니다."

홍 대리는 아이의 선물을 윤한수에게 내밀었다. 선물을 보자 그의 굳은 얼굴이 조금 풀리는 듯 했다.

"그나저나 이 여편네는 애를 데리고 어딜 간 거야?"

윤한수는 괜히 아내에게 짜증을 부렸지만 그 목소리는 한층 부드러웠다. 홍 대리는 기회를 놓치지 않고 준비해온 말을 하기 시작했다.

"저랑 선생님은 처음부터 얼굴을 붉히고 싸울 필요가 없었습니다. 선생님께서 입은 이 모든 피해는 전 소유자의 잘못으로 일어난 일입니다. 생각해보세요. 전 소유자가 은행에서 빌린 돈을 갚지 않아 집이 넘어갔고, 전 그걸 경매를 통해 산 것 뿐입니다."

"그 이야기는 이미 지겹도록 했잖소."

"그리고 저번에 최우선변제금에 대해서 말씀드렸는데, 기억하시죠? 그 돈을 받으려면 제가 작성한 명도확인서가 필요합니다. 그런데 선생님이 이사비용으로 500만 원을 받겠다고 계속 버티시면, 전 명도확인서를 써드릴 수 없습니다. 그럼 선생님 앞으로 나오게 될 배당금은 법원 공탁으로 넘어갑니다. 공탁으로 넘어간 배당금은 명도가 지체된 시간만큼 제 손해비용으로 처리될 수 있습니다. 그러면 선생님은 정말 한 푼도 못 받고 이 집에서 나가게 될 수도 있습니다."

"법원 공탁으로 넘어간다고?"

공탁으로 넘어간다는 말에 윤한수는 한동안 말이 없었다. 고개를 살짝 숙인 채 무언가 생각을 하고 있었다.

"그럼 얼마를 줄 거요?"

윤한수가 이사비용을 낮출 의사를 보였다.

"선생님께서 나가주시겠다고 약속만 해주신다면, 배당금을 받은 다음에 나가실 수 있게 편의를 봐드리겠습니다. 그리고 이사비용 100만 원도 따로 챙겨드리고요."

"배당금을 먼저 받고 나가게 해주겠다고?"

"네."

윤한수는 전보다 훨씬 누그러진 태도를 보였다.

"그럼 내가 어떻게 해주면 되는 거요?"

"배당금을 받은 뒤 이 집에서 몇 일까지 나가겠다는 명도이행합의서 한 부를 작성해주시면 됩니다."

윤한수는 다시 골똘히 생각에 잠겼다.

"그럼 내가 양보하리다. 200만 원만 주쇼."

"아니, 200만 원은 너무 많습니다."

"200만 원이 많다니? 그럼, 계속 100만 원을 고집하겠다는 거요?"

"음, 선생님께서도 양보했는데 저도 계속 제 고집만 세울 순 없죠. 150만 원 드리겠습니다."

홍 대리는 작심하고 다부지게 나갔다. 더 이상 주저하면 윤한수를 설득할 수 없다고 생각한 것이다. 그의 기세에 눌렸는지 망설이던 윤한수가 결심한 듯 말했다.

"좋소. 그렇게 합시다. 대신 배당금이 나오지 않으면 절대로 이 집에서 안 나갈 테니 그런 줄 알고 계시오."

"네, 감사합니다."

홍 대리는 정중히 인사를 하고는 가방을 열어 명도이행합의서를 내놓았다. 이 역시 야생화가 미리 준비하라고 조언해준 것이다.

"여기다 도장을 찍으면 됩니까?"

"그렇습니다."

"난 말이오, 정말 죽으면 죽었지 이 집에서 안 나갈 생각이었소. 딸애의 치료비 때문에 그나마 있던 재산 다 날리고 겨우 장만한 전셋집이었소. 그런데 그 돈까지 날려버리게 됐으니 살맛이 낫겠소? 내가 너무 과했다고 생각진 마시오."

윤한수는 이 말을 끝으로 명도이행합의서에 도장을 찍었다.

'됐어. 이제 된 거야.'

명도이행합의서를 건네받은 홍 대리는 흘러내리려는 눈물을 억지로 참고 있었다.

며칠 후 배당일, 홍 대리는 윤한수와 배당 법정에서 만났다. 의자에 나란히 앉은 두 사람은 어서 자신의 차례가 오기를 바랐다.

"2014타경 ○○○호 사건 배당을 시작하겠습니다. 이해관계인들은 모두 앞으로 나오세요."

판사의 말이 떨어지기가 무섭게 사람들이 앞으로 몰려나갔다.

"채권자 농협, 배당금 ○○○○만 원. 근저당 신한은행, 배당금 ○○○○만 원. 가압류 김덕기 씨, 배당금 ○○○○만 원. 이상입니다."

그때였다.

"아니, 왜 제 이름은 안 부르나요?"

법정 앞에 나갔던 어느 아주머니가 큰 소리로 물었다.

"누구시죠?"

판사는 그 아주머니를 쳐다보면서 되물었다.

"김해숙인데요"

"아, 임차인 김해숙 씨는 채권자 ○○농협에서 진정한 임차인이 아니라고 배당 배제 신청이 들어왔습니다. 그러므로 배당에서 배제된 것입니다."

"아니, 내가 왜 진정한 임차인이 아니라는 거죠? 이렇게 계약서 원본까지 다 가지고 왔는데?"

"배당에 대한 이의신청을 하시겠습니까?"

판사는 단호한 어조로 말했다.

"네!"

"그럼 배당이 다 끝날 때까지 기다리셨다가 나중에 판사실로 올라오세요. 채권자인 ○○농협도요."

자신을 임차인이라고 주장한 그 아주머니는 힘없이 자신의 자리에 다시 앉았다.

'채권자가 임차인이 받을 배당금에 대해 배제 신청을 하다니. 만약에 윤한수도 배당이 안 나온다면?'

불길한 생각이 머리를 스치자 홍 대리는 불안해졌다. 그렇게 불안한 마음을 진정하지 못하고 있는데, 판사가 홍 대리가 낙찰받은 사건을 호명했다.

"2014타경 1234호 사건 이해관계인들은 모두 앞으로 나오세요."

홍 대리와 윤한수도 법정 앞으로 나갔다.

"○○구청 나오셨나요?"

"네."

"채권자 ○○은행?"

"네."

"임차인 윤한수 씨?"

"네!"

윤한수는 자신의 이름이 불리자 손까지 들면서 대답했다.

"압류권자 ○○구청, 배당금 ○○○○만 원. 채권자 ○○은행, 배당금 ○○○○만 원. 임차인 윤한수 씨, 배당금 2000만 원. 이상입니다. 이의신청하실 분 없나요? 없으면 다음 사건으로 넘어갑니다."

홍 대리는 임차인 윤한수에게 최우선변제금 2000만 원이 나오자 그간의 불안감이 말끔히 사라지는 걸 느꼈다. 배당금이 확정되자 윤한수는 홍 대리에게 받은 명도확인서와 인감증명서, 임대차계약서 원본을 경매 계장에게 제출했다. 그리고 경매 계장이 건네준 출급지시서를 받아 배당금을 수령했다.

배당금이 나오고 한 달 뒤, 윤한수가 이사를 하기로 한 날 홍 대리는 그 집을 찾았다. 이미 짐은 다 빠져나간 상태였고, 청소까지 해놓았는지 집이 깨끗해 보였다. 홍 대리는 윤한수가 건네준 전기세와 수도세, 그리고 도시가스 영수증을 받아 확인해보았다.

"어제까지 사용한 모든 비용은 다 정산했소."

"그렇군요. 그럼 여기……."

홍 대리는 윤한수에게 주기로 약속한 이사비용 150만 원을 건네주었다. 그리고 그의 투박한 손을 굳게 잡으며 인사를 건넸다.

"안녕히 가십시오."

"못되게 굴어서 미안했소."

홍 대리는 윤한수 부부가 아이와 함께 이삿짐차를 타고 가는 것을 지켜본 뒤 집 안으로 들어섰다. 가구가 하나도 없는 집은 꽤 넓어 보였다. 그는 주방을 시작으로 거실과 방, 화장실을 구석구석 둘러보았다.

'이제 정말 내 집이구나.'

감회가 새로웠다. 자신이 경매를 시작하기로 마음먹은 날부터 오늘까지의 갖가지 일들이 주마등처럼 스쳐 지나갔다. 경매를 반대하던 수연과 첫 입찰의 실패, 스터디 모임 사람들과의 만남 등등. 이제와 돌이켜보면 모두 웃으면서 말할 수 있는 일들이었다.

홍 대리의 입가에 빙그레 웃음이 걸렸다. 그는 베란다로 나가

창문을 활짝 열었다. 그러고는 전화를 꺼내 수연에게 전화를 걸었다. 신호음이 몇 번 울리더니 이내 그녀가 전화를 받았다.

"응, 오빠."

"수연아!"

"어, 왜? 말해."

"우리, 결혼하자!

드디어 보금자리가 생겼어요!

"어? 아저씨, 좀 조심해주세요."

수연이가 이삿짐을 나르는 아저씨에게 까다롭게 말했다. 홍 대리는 그런 그녀를 보니 마음이 흐뭇했다.

"오빠, 거기 서 있지만 말고 와서 좀 도와."

"그래, 알았어. 뭐하면 돼?"

홍 대리가 웃으며 수연에게 다가갔다.

"이것도 저쪽으로 옮겨야 되고, 저 책들도 정리해서 넣어야 돼. 할 일이 얼마나 많은데 거기 서서 혼자 놀고 있어? 하여튼 은근히 빼질거린다니까."

"네네, 알겠습니다. 그럼 이것부터 옮기면 되는 거지?"

"응. 그거 옮기고 오빠 옷도 정리해놔. 저 액자도 잘 걸어놓고."

"내가 이거 다 하면 넌 뭐해?"

"내 손에 지금 걸레 있는 거 안 보여? 지금 가구 닦고 있잖아."

"아, 가구. 닦아야지, 그럼."

 괜한 소리했다 본전도 못 찾은 홍 대리는 그녀가 시키는 대로 짐들을 나르기 시작했다. 홍 대리와 수연의 신혼집에 가구들이 하나둘씩 채워지고 있었다. 그는 그런 집을 보며 차오르는 기쁨을 감출 수 없었다. 여기가 바로 내 집이구나!

"여보세요? 네, 야생화님. 지금 짐 들여놓고 있습니다."

 거실에서 홍 대리가 통화하는 소리가 들리자 수연은 걸레를 얼른 내려놓고 거실로 나갔다. 그는 연신 웃으며 통화를 하고 있었다.

"오빠, 야생화님이지? 나도 좀 바꿔줘. 응?"

 수연이 조그맣게 속삭였다.

"어? 알았어. 야생화님, 수연이 잠깐 바꿔달라고 하네요. 네? 저도 잘 모르겠는데요."

 홍 대리는 전화를 수연에게 넘겨주었다. 그녀는 목을 몇 번 가다듬더니 조심스럽게 전화를 받았다.

"안녕하세요? 이수연이라고 합니다. 야생화님, 정말 감사합니다. 오빠한테 이야기 많이 들었어요. 저희 집 마련하는 데 큰 도움을 주셔서 너무너무 감사합니다."

 어느새 그녀의 눈에 그렁그렁 눈물이 맺혔다. 홍 대리는 그런 수연의 모습이 믿기지 않아 빤히 쳐다보고 있었다.

"네, 저희 결혼식 때 꼭 오세요. 다음 달 3일이요. 선생님이 꼭 와주셨으면 좋겠어요. 네, 고맙습니다. 그럼 결혼식 때 뵙는 걸로 알고 있을게요. 야생화님, 이제 오빠 바꿔 드릴게요."

"네, 야생화님. 시간 괜찮을 때 한번 찾아뵙도록 하겠습니다. 청첩장 드려야죠. 네, 그럼 들어가세요."

전화를 막 끊으려는데, 수연이 전화 쪽으로 얼굴을 내밀더니 소리쳤다.

"야생화님이 쓰신 책 『100배의 축복』도 재밌게 잘 읽었습니다. 정말정말 감사합니다."

전화를 끊은 홍 대리는 수연을 바라보았다. 그녀의 얼굴은 빨갛게 달아올라 있었다.

"으이구, 귀여워 죽겠네. 근데 야생화님 책은 언제 사서 읽은 거야? 부동산에 관련된 책은 관심이 없는 것 같더니만."

"흥, 이거 왜 이러셔. 이래 봬도 내조의 여왕이라고."

"그래, 고맙다. 이 세상에 나처럼 장가 잘 가는 놈이 또 있을까?"

홍 대리는 그녀를 살포시 안아주었다.

"아, 이럴 시간 없어. 오늘 안으로 다 끝내야 집에 가니까. 이제 그만 각자 위치로!"

"충성! 수연님 말에 절대복종! 크크크."

둘의 행복한 웃음소리가 집 밖까지 흘러나오고 있었다.

▶ 명도를 잘하는 방법

명도는 사실 그리 어려운 것이 아니다. 이 글을 읽은 사람들 중에 "배중렬 선생님은 경매전문가니까 당연히 명도가 어렵지 않겠죠?"라고 반문한다면 할 수 없지만, 중이 제 머리카락 깎지 못한다는 말도 있지 않은가? 아무리 잘난 척을 해도, 아무리 그 분야에 선수라고 하더라도 내가 경매받은 집의 채무자나 세입자를 만나러 갈 때는 두렵고 힘든 것이 사실이다.

나는 명도를 이렇게 생각한다. '명도는 사람과 사람 관계의 일일 뿐이다'라고.
내가 그 사람들을 어렵고 힘들게 생각하는 만큼 그 사람들도 날 어렵게 생각할 것이고, 내가 그 사람들을 만나고 싶지 않듯이 그 사람들 또한 날 만나고 싶지 않을 것이다. 내가 그 사람들을 한 번은 꼭 만나야 되듯이 그 사람들 또한 한 번은 날 만나야 한다. 즉 사람과 사람 관계의 일인 만큼, 서로가 어렵고 힘든 만큼, 다시 말해 사람과 사람 관계의 일이므로 그냥 내 쪽에서 편하게, 그리고 좀 더 인간적으로 다가가면 그쪽 또한 인간적이며 편하게 다가올 것이다.

경매를 잘 모르는 사람들은 전 소유자나 세입자들이 칼 들고 나설지도 모른다고 생각하지만 그런 경우는 1퍼센트도 안 된다. 상대방의 처한 아픈 마음을 감싸 안으려는 생각으로 임한다면 명도가 아주 순조롭게 이루어질 것이다.

명도를 할 때는 항상 '역지사지(易地思之)'의 입장에서 접근해야 한다. 당하는 쪽은 얼마나 마음이 아프고 불안할까? 오히려 우리가 권리자고 상대방은 쫓겨나는 불쌍한 사람들이다. 그런 사람들에게 너무 내몰지 말고, 천천히 그리고 그 사람들의 마음을 이해하는 따스한 말로 감싸준다면 명도가 그렇게 어렵지 않을 것이다.

명도는 결국 사람과 사람 사이의 일일 뿐이다. 마음을 열고 다가가면 그쪽도 분명 마음을 열고 다가올 것이다.

▶ 명도대상자의 부류

1. 소유자 겸 채무자

1등급
커피도 타주고 과일도 내놓으며 미안하다는 말을 자주 한다. 이사비용도 받으려 하지 않고 관리비도 모두 정산해놓는다. 집안 청소까지 말끔히 마친 다음, 전화를 걸어 자기 때문에 심려를 끼쳐드려 죄송하다고 말한다(약 10퍼센트).

2등급
거실에 다소곳이 앉아 언제 집을 비워줘야 하는지를 물어본다. 그리고 이사계획에 대해 서로 상의할 때 이사비용을 조금 더 얹어줄 수 없냐고 물으며 미안해한다. 이사하기로 한 날짜에 정확하게 이사를 한다(약 30퍼센트).

3등급
목소리가 크며 신경질적이다. 때로는 자신의 처지를 비관하며 울기도 한다. 그러다가 이사비용은 얼마를 줄 것인지 빚쟁이처럼 독촉하듯 물어본다. 보통 이사비용으로 처음에 500만 원을 부르다가 시간이 지나면 300만 원 이하는 절대 안 된다고 버틴다(약 40퍼센트).

4등급
문도 안 열어주고 다음에 오라고 한다. 다시 찾아가면 그때는 부재중이다. 어렵게 다시 만나면 이상한 협박을 한다. 이사 갈 준비도 하지 않고 자기들 때문에 돈 벌었으니 이사비용을 많이 달라고 하면서 1000만 원 이상을 요구한다(약 15퍼센트).

5등급
밤 12시가 넘어야 들어오므로 밤새 지키고 있다가 만나야 한다. 아니면 도통 만날 수가 없다. 만나더라도 "배 째"라고만 한다. 아니면 "죽인다"거나 "불을 지르겠다"고 협박한다. 무슨 말을 하더라도 대화가 안 되며 나중에 강제집행당할 때 울면서 매달린다(약 5퍼센트).

2. 임차인

① 임차금 전액을 배당받는 세입자

1등급
경매하는 사람이라면 제일 선호하는 대상이다. 명도가 제일 쉽고 편하게 이뤄진다. 밀린 관리비도 임차인이 정산하고 이사하기로 한 날짜에 정확하게 이사한다(약 85퍼센트).

2등급
경매가 진행되면서 입은 피해보상을 요구하기도 한다. 밀린 관리비를 정산하지 않고 이사를 가는 경우가 종종 있으므로 명도확인서를 건네주기 전 정산 여부를 꼭 확인해야 한다(약15퍼센트).

② 임차금 중 일부만 배당받는 세입자

1등급
배당을 받기도 전에 미리 이사 갈 준비를 다 해놓는다. 밀린 관리비를 다 정산한 영수증과 이사 갈 곳의 계약서를 보여주며 명도확인서를 달라고 요청한다(약 20퍼센트).

2등급
이사 갈 준비가 전혀 안 돼 있고 낙찰자가 찾아가면 이사비용을 얼마나 줄 것인지를 물어본다. 보통은 500만 원부터 시작해 300만 원 선에서 합의를 보려 한다. 또한 명도가 되지 않은 채로 무조건 명도확인서부터 달라고 고집을 부린다. 아니면 이사를 안 가겠다고 버틴다(약 80퍼센트).

③ 배당을 전혀 못 받는 세입자

1등급
배당을 한 푼도 못 받은 것 때문에 명도가 엄청 힘들 것이라 예상했는데 의외로 이사비용 200~300만 원 정도에 쉽게 합의하기도 한다. 본인이 처한 사정을 잘 아는 경우다(약20퍼센트).

2등급
집에 들어서면 방문 한두 개는 부서져 있으며 앞뒤 안 가리고 험한 욕설부터 시작한다. "내가 죽으면 그만"이라거나 "집에 불을 지르겠다"고 협박한다. 대부분 1000만 원 이상의 이사비용을 요구한다. 강제집행을 신청하고 예고장을 대문에 붙인 뒤에 이사비용을 협의해야 한다. 그 전엔 결코 어떤 이야기도 듣지 않는다(약 80퍼센트 이상).

▶ 인도명령의 신청

채무자, 소유자 또는 후순위 임차인에 대해 명도를 신청할 때 하는 방법으로 잔금기한이 집히면 잔금을 납부하기 전에 먼저 낙찰받은 부동산에 가서 1차적으로 명도에 대해 이야기를 나눠야 한다. 그런데 이때 만약 이사비용을 터무니없이 많이 달라고 하거나 이사계획도 세우지 않고 무대포로 나온다면 부득이 인도명령을 신청해야 한다. 다만 첫 번째 만남에서 원만하게 이사에 대한 내용에 대한 합의가 이뤄졌다면 인도명령을 신청을 하지 않아도 무방하다.

인도명령신청은 경매법원에 가서 할 수 있으며, 일반적으로 법원에 비치된 서면에 의해 신청을 한다. 채무자, 소유자, 또는 경매조서의 현황조사보고서 등 기록상 명백한 점유자가 그 대상인 경우에는 증빙서류의 제출을 요하지 않는다.

아래에 있는 인도명령 신청서를 작성한 뒤, 법원에 있는 은행에서 1000원의 인지를 구입하고 은행에 송달료 2회분을 납부한 후 납부영수증을 첨부해 해당 경매계에 가서 접수하면 된다. 그러면 일주일 안으로 인도명령 결정문이 나오게 되는데, 법원에서는 그 결정문을 신청한 낙찰자와 인도명령 대상자에게 송달로 보내준다.

▶ 인도명령의 대상자

경매부동산의 소유자, 채무자 및 대항력 없는 임차인과 부동산 점유자는 모두 인도명령 대상자다(민사집행법 제136조 제1항). 다만 점유자가 낙찰자에게 대항할 수 있는 권원에 의하여 점유하고 있는 것으로 인정되는 경우(보증금 중 일부라도 반환받지 못한 선순위 대항력 있는 임차인)에는 인도명령의 대상이 아니다.

◽ 뒷이야기

열정이 있다면
길은 저절로 열린다

"오빠, 일어나! 오늘 약속 있다며."

수연은 경택을 깨우기 위해 주말 오전부터 전쟁을 치르고 있었다. 그는 어제 얼마나 늦게 잤는지 아직도 깊이 잠들어 있었다. 수연이 안방으로 들어와 흔들고 소리를 지르니, 그제야 눈을 떴다.

"그러게 내가 웬만큼 하고 자라고 했잖아. 얼른 일어나! 벌써 점심때야. 오늘 스터디 사람들 만나러 간다며."

경택은 이불 속에서 버티다가 겨우 몸을 일으켰다. 수연과 결혼해서 함께 산 지 벌써 2년이 넘었다. 이 집도 이제 손때가 묻어 신혼집 같은 분위기가 덜 나지만, 경택과 수연은 여전히 이 집의 소중함을 안줏거리 삼아 이야기하곤 했다. 수연은 더 이상 경택이 경매하는 것을 반대하지 않았다. 그리고 주변 사람들에게 얼마나 자랑을 했는지 수연의 언니 수진도 경택의 도움으로 빌라를 낙찰받았고, 수연이 근무하는 어린이집 원장님도 그가 추천해준 아파트를 낙찰받았다.

"빨리 씻어."

게으른 경택에게 수연의 잔소리는 계속됐다. 그는 대충 씻고는 후다닥 옷을 입고 집을 나섰다. 이렇게 잔소리를 들을 때면 빨리 집에서 나오는 것이 상책이다.

오늘은 스터디 모임 사람들과 오랜만에 만나는 날이었다. 그래서 그런지 스터디 모임에 가는 그의 발걸음도 가볍기만 했다. 시간이 많이 흘러서 그런지 이제는 스터디 때문이라기보다는 친목 도모의 성격이 강해졌다. 그들은 이렇게 몇 달에 한 번씩은 꼭 함께 만나 그동안의 일들을 이야기하곤 했다. 그런데 아직까지 경매를 하고 있는 건 서준태와 홍경택, 차승미와 조인구, 이정도뿐이다. 윤경선은 경매에서 손을 놓은 지 오래고, 꾸준히 함께 공부한 김현종은 다세대 주택 한 채를 낙찰받아 임대 수익을 얻고 있었다.

"이거 봐. 오늘도 제일 늦게 왔어요. 경택 형님, 자꾸 안 되겠는데요?"

카페에 들어서자마자 조인구가 경택에게 핀잔을 주었다. 이미 모두들 모여 있었다. 그는 미안하다는 인사와 함께 자리에 앉았다. 몇 달 전, 드디어 조인구가 처음 낙찰받았던 집을 팔아 수익을 남겼다. 그리고 지난달 그 돈을 합쳐 서울에 작은 아파트를 낙찰받았다. 얼마나 공을 들였는지, 이 물건에 대해 스터디 사람들 중 모르는 사람이 없을 정도였다.

 차승미는 요새 학원을 운영해보려고 상가 건물을 물색하고 있는 듯했다. 속속들이 말은 다 하지 않았지만, 경택은 서준태가 차승미를 물심양면으로 도와주고 있다는 것을 눈치 챘다. 두 사람 사이가 심상치 않다는 걸 깨달은 것은 그의 집들이 날이었다. 둘이 꼭 붙어 앉아 때때로 속닥거리며 장난치는 모습을 보고, 아무것도 모르는 수연이 그에게 살짝 물어보았다.

 "저 두 사람은 사귄 지 얼마나 됐어?"

 그때부터 경택은 두 사람 사이를 조금씩 의심하기 시작했다. 그러다가 인구의 아파트 낙찰 축하 파티 때 은근히 찔러봤더니 당황하는 모습이 역력했다. 그것을 보고 경택은 둘이 사귀는 것을 직감하고 더 이상 캐묻지 않았다. 두 사람이 잘 어울렸기 때문이다.

 서준태는 카페 아이디처럼 늘 탄탄대로 인생이었다. 어떤 일에든 최선을 다해 파고드는 그의 모습을 볼 때면, 그의 탄탄대로 인생은 당연한 것이 아닌가 하는 생각이 들기도 했다. 차승미 덕분인지는 잘 모르겠지만 다른 사람들과도 잘 어울리고, 모임에도 빠지지 않고 곧잘 나오는 모습이 보기 좋았다. 물론 끝나고 헤어질 때는 늘 차승미와 함께 사라지곤 하지만.

 대기만성형인 이정도는 요즘 들어 서준태보다 더 잘 나갔다. 소심한 성격에 처음 낙찰받은 물건을 잘못 선택한 것은 아닌가 하고 불안해하더니, 잔금을 치르고 몇 달 뒤에 재개발이 확정되자 자신감이 생겨 승승장구하고 있었다. 스터디 모임 사람들은 그의 성공을 진심으로 기뻐했고, 이정도도 사람 냄새 나는 이 모임의 일원임을 자랑스럽게 생각했다.

스터디 모임에는 나오지 않지만 경택이 정말 궁금해하는 사람이 있었다. 바로 공회전이다. 그 이후 한두 번 정도 더 만나 대책을 연구해보았으나 공회전은 결국 모든 연락을 끊어버렸다. 스터디 모임 사람들에게도 은근슬쩍 이야기해 함께 도와주자고 했지만, 도무지 연락할 길이 없어 그 후로는 한 번도 만나지 못했다.

그러다 지난달 수연과 종로를 걷다 공회전을 우연히 만났다. 그는 무척 말라 있었다. 경택이 반갑게 잘 지내고 있냐고 물어봤지만, 공회전은 그저 웃으며 고개만 끄덕일 뿐 별다른 말이 없었다. 어디라도 들어가 그동안의 이야기를 듣고 싶었지만, 황급히 자리를 피하는 공회전 때문에 더 이상 대화는 이루어지지 않았다.

"아이고, 예비 경매전문가님 오셨네요. 하하하, 승미 씨한테 이야기 듣자 하니, 요즘 너무 열심이시라던데. 앞으로 전업으로 나서실 생각이세요?"

늦게 와서 겨우 자리를 잡고 앉은 경택에게 이정도가 대뜸 물었다. 갑작스러운 질문에 조금 당황했지만, 그는 전부터 생각해오던 것도 있고 해서 차분하게 대답했다.

"아직은 잘 모르겠어요. 그냥 열심히는 하고 있는데, 무턱대고 전업으로 나서자니 아직은 준비가 덜 된 것 같네요. 게다가 회사에서 승진도 했고……. 아무튼 다 때가 있지 않겠어요. 급하게 마음 안 먹으려고요."

신혼집을 경매로 마련한 뒤 결혼해 마음의 안정을 찾은 경택은 업무에도 최선을 다했고, 얼마 전 홍 대리가 아닌 홍 과장으로 승진을 한 상태였다.

"네, 그렇지요. 저도 요즘 가끔 그런 생각이 들긴 하는데, 집사람이 워낙 반대를 해서요. 게다가 아이들 가르치는 일을 관두고 나면 왠지 낙이 없을 것 같고. 그래도 경택 씨는 저보다 경매 쪽에 더 열정이 많으신 것 같아서 그냥 물어본 거예요. 너무 개의치 마세요. 하하."

"아휴, 저보다 한참 앞서가시는 분이 그런 얘길 하시니까 쑥스럽네요. 열심히 하다 보면 저절로 길이 열리겠죠. 결정은 조금 더 있다가 해도 늦지 않을 것 같아요."

"에이, 말은 저렇게 해도 요즘 얼마나 공부 많이 하는데요. 이젠 경매 고수들의 전유물이라는 특수 물건까지 파고들던데요. 벌써 뭔가 꾼의 냄새가 난다고 할까? 이것 봐, 벌써 냄새가 다르다니까. 킁킁."

대화 중간에 끼어든 조인구가 경택의 주변에 코를 갖다 대고는 냄새 맡는 시늉을 했다. 경택이 그런 인구의 얼굴을 밀어내고 있는데, 차승미가 갑자기 뭔가를 내밀었다.

"이게 뭐예요?"

"보시면 아세요. 헤헤."

청첩장이었다. 경택은 일부러 더 크게 놀라는 척하면서 청첩장을 꺼내보았다.

"축하해요, 승미 씨. 서준태 씨랑 언제부터 그런 사이셨어요?"

"으이구, 저 능청. 경택 씨가 저 놀린 것만 세어도 손가락이 모자라거든요."

"어쨌든 정말 축하합니다. 준태 씨도요. 정말 행복한 가정을 이루실 거예요."

차승미와 서준태가 서로를 바라보며 빙그레 웃음을 지어 보였다.

"경택 씨도 왔고, 그럼 다 같이 축하하는 의미에서 두 분을 위해 박수라도 치죠."

김현종이 나서서 분위기를 북돋자 사람들이 모두 축하의 박수를 보내주었다. 둘은 수줍게 웃으며 꾸벅 감사의 인사를 드렸다.

"그나저나 벌써 너무 많은 얘길 나누신 거 같아요. 저 진짜 조금 늦었는데."

"에이, 솔직히 조금은 아니죠. 형님."

조인구가 손목시계를 들어 보이며 반박했다. 사람들이 그런 경택과 조인구를 보며 즐겁다는 듯이 웃어 보였다. 행복한 주말 오후가 그렇게 가고 있었다.

스터디 모임을 마치고 집으로 돌아오는 길에 경택은 잠깐 생각에 잠겼다.

'1년 전 우연한 기회에 경매를 알게 되었고, 내 꿈인 신혼집을 마련하려고 부단히 노력했지. 그리고 마침내 그 꿈을 이룰 수 있었어. 또한 앞으로도 이 열정을 유지해 내 가족의 꿈을 실현할 수 있도록 최선을 다할 거야. 만약 경매라는 것을 알지 못했다면, 아니 열정적으로 임하지 않았다면 지금의 나는 어떤 모습일까? 그저 남들을 부러워하며 살아가고 있지는 않을까?'

경택은 깨달았다. 내 꿈을 이루기 위해서는 뜨거운 열정이 필요하다는 걸. 그리고 열정이 있다면 내가 가고자 하는 길은 저절로 열릴 것이라는 사실을.

월급쟁이의 가장 빠른 내 집 마련 전략
경매 천재가 된 홍 대리

초판 1쇄 발행 2010년 8월 20일
개정판 1쇄 발행 2014년 11월 26일
개정판 3쇄 발행 2017년 5월 15일

지은이 배중렬
펴낸이 김선식

경영총괄 김은영
콘텐츠개발1팀장 한보라 **콘텐츠개발1팀** 봉선미, 임보윤, 이주연, 노희선
마케팅본부 이주화, 정명찬, 최혜령, 양정길, 최하나, 최혜진, 김선욱, 이승민, 이수인, 김은지
전략기획팀 김상윤
경영관리팀 허대우, 권송이, 윤이경, 임해랑, 김재경

펴낸곳 다산북스 **출판등록** 2005년 12월 23일 제313-2005-00277호
주소 경기도 파주시 회동길 357 3층
전화 02-702-1724(기획편집) 02-6217-1726(마케팅) 02-704-1724(경영관리)
팩스 02-703-2219 **이메일** dasanbooks@dasanbooks.com
홈페이지 www.dasanbooks.com **블로그** blog.naver.com/dasan_books
종이 (주)한솔피엔에스 **출력·제본** (주)갑우문화사

ⓒ 2014, 배중렬

ISBN 979-11-306-0426-8 (04320)

· 책값은 뒤표지에 있습니다.
· 파본은 구입하신 서점에서 교환해드립니다.
· 이 책은 저작권법에 의하여 보호를 받는 저작물이므로 무단 전재와 복제를 금합니다.
· 이 도서의 국립중앙도서관 출판시도서목록(CIP)은 서지정보유통지원시스템 홈페이지(http://seoji.nl.go.kr)와
  국가자료공동목록시스템(http://www.nl.go.kr/kolisnet)에서 이용하실 수 있습니다. (CIP제어번호 : CIP2014032370)

> 다산북스(DASANBOOKS)는 독자 여러분의 책에 관한 아이디어와 원고 투고를 기쁜 마음으로 기다리고 있습니다.
> 책 출간을 원하는 아이디어가 있으신 분은 이메일 dasanbooks@dasanbooks.com 또는 다산북스 홈페이지 '투고원고'란으로
> 간단한 개요와 취지, 연락처 등을 보내주세요. 머뭇거리지 말고 문을 두드리세요.